Let's PTA研修

「基本」マニュアル

－ できることを、できるところから －

編集・著　高尾　展明

はじめに

日本ＰＴＡは1952年（昭和27年）10月14日～16日に、東京において「日本父母と先生の会全国協議会結成大会」（第１回総会）を開催しました。（日本ＰＴＡの発足）、翌年の1953年（昭和28年）の８月には「第１回ＰＴＡ全国研究大会」を三重県宇治山田市において開催しました。

また会の名称を1954年（昭和29年）８月の第３回総会において「日本ＰＴＡ協議会」とし、その後1957年（昭和32年）８月の第６回総会において現在の「日本ＰＴＡ全国協議会」に改称しました。さらに組織においては1984年（昭和59年）に社団法人にするための設立準備委員会が発足し、1985年（昭和60年）６月に「社団法人日本ＰＴＡ全国協議会」の設立許可書を文部省から受領し（法務省の登記は８月８日）、社団法人となりました。その後2008年（平成20年）に公益法人制度改革３法が施行され、2013年（平成25年）に日本ＰＴＡは「公益社団法人日本ＰＴＡ全国協議会」に認定され、現在に至っています。

約70年の歴史をもつ日本ＰＴＡの歩みは参考資料の「ＰＴＡのあゆみと教育年表」の通りですが、社会の変化と長い歴史から「日本ＰＴＡとは何をする団体ですか？」「ＰＴＡって何ですか？」などの声が聞かれるようになりました。

この冊子は日本ＰＴＡの根拠（趣旨）・目的等を再認識するとともに、ＰＴＡ活動をしていくために必要な基本的な知識を知っていただくために、作成しました。

内容については、第１章では日本ＰＴＡ全国協議会は「公益社団法人」であるため、「公益法人」とは何かということを簡潔にまとめましたが、公益法人とは文字通り、公益性が高い事業を実施している団体であり、行政庁（国においては内閣総理大臣、都道府県においては知事）から認定を受けている法人です。そのため高い社会的信用を保持しています。日本ＰＴＡも平成25年に「公益社団法人日本ＰＴＡ全国協議会」として、各都道府県・政令指定都市のＰＴＡ協議会（連合会）が正会員（法律上は社員）となり、法人を運営しています。そしてその高い社会的信用から文部科学省はじめ各府省庁の子どもに関係する会議（審議会・協力者会議等）に保護者の立場から意見等を述べるために委員となっています。また、大学、独立行政法人、教育関係団体等においても会議の委員または役員として参加しています。

このように日本ＰＴＡは公益法人としての社会的信用と日本最大の団体として社会に対し大きな責任と影響力を持っている法人です。

第２章は日本ＰＴＡの綱領と基本的な視点について載せてあります。綱領は団体の基本的な立場、目的などを示した規範であり、団体とっては最も大事な指針です。

第３章はＰＴＡに関係する法規を載せてあります。ＰＴＡは教育基本法（第12条）、社会教育法（第10条）における社会教育関係団体です。ＰＴＡ発足から現在に至るまで、ＰＴＡの基本理念については、保護者と教師がともに学び（成人教育）、活動することにより、子どもの教育・生活環境の向上を図ってきました。具体的な活動目的・内容は法人の総会で決議された綱領、定款（第３条）に明記されています。

最初に我が国の最高法規である日本国憲法の関係条文を載せてあります。特に第26条は国民の教育を受ける権利と保護者（親権者）の子どもに教育を受けさせる義務について定められています。

次に教育基本法については、教育の目的・目標、義務教育、学校教育、家庭教育、社会教育などの関係条文、社会教育法の社会教育の目的・定義などの条文、学校教育法の小学校、中学校に関する条文を載せてあります。

第４章では国（文部省・文部科学省）の審議会等の答申（報告）がＰＴＡについてどのように考えられ、期待されているかを年代順に関係する文を抜粋しました。昭和42年の「父母と先生の会のあり方について」の社会教育審議会の報告にはＰＴＡの目的、性格と運営について記述されています。また昭和46年の「急激な社会構造の変化に対処する社会教育のあり方について」の社会教育審議会の答申には社会教育関係団体としてのＰＴＡについて記述されています。また臨時教育審議会の第二次答申、第四次答申（最終答申）、生涯学習審議会、中央教育審議会の答申においてもＰＴＡについて記述されています。

第５章は子どもに関係する法律を載せてあります。いじめ、児童買春・児童ポルノ、児童虐待とは何かについての法律上の定義、またその他子どもに関係する法律を載せました。

社会教育関係団体であるＰＴＡは保護者と教師である大人が学習し、活動することにより、次世代を担う子どもの教育環境・生活環境を向上させ、社会の発展に寄与することを目的とした団体です。つまり社会の基盤形成の一翼を担っています。そのためにはすべてのＰＴＡ関係者が「ＰＴＡの設立の目的」「ＰＴＡとはどのような団体か」「ＰＴＡが社会から何を期待されているのか」などを知っておくことが大事かと考え、ＰＴＡ活動をしていくために必要最小限の基礎的な知識を冊子にしました。

ぜひＰＴＡ関係者、とくに会長はじめ役員等のリーダーの方に読んでいただければ幸いです。

目　次

第５章　子どもに関する法律（抄）

第６章　参考資料

第1章

公益法人について

公益法人制度

公益法人は1896年（明治29年）４月から2008年（平成20年）11月までは民法の規定に基づき設立・許可された社団法人・財団法人を公益法人（民法法人）としていましたが、2008年（平成20年）12月１日に公益法人制度改革３法が施行され、以後は一般社団・財団法人法により設立された一般社団法人・一般財団法人となりました。さらに公益法人認定法（以下「認定法」という。）により公益性の認定を受けた法人は公益社団法人・公益財団法人となりました。この制度改革により日本ＰＴＡは2013年（平成25年）に公益社団法人の認定を受け、内閣府所管の公益社団法人日本ＰＴＡ全国協議会となりました。これに伴い、各都道府県・政令指定都市の64（平成28年９月現在）のＰＴＡ協議会（連合会）は正会員（社員）となり、法人を運営することになりました。

認定法第１条（目的）

この法律は、内外の社会経済情勢の変化に伴い、民間の団体が自発的に行う公益を目的とする事業の実施が公益の増進のために重要となっていることにかんがみ、当該事業を適正に実施し得る公益法人を認定する制度を設けるとともに、公益法人による当該事業の適正な実施を確保するための措置等を定め、もって公益の増進及び活力ある社会の実現に資することを目的とする。

公益法人の価値と制約

公益法人としての価値

①　社会的信用の保持

公益法人は、その名称の使用は独占的であり、法律上その高い社会的信用を保つために保護されています。公益法人でない者が勝手にその名称又は商標中に、公益法人であると誤認されるおそれのある文字を用いることは禁止されています。また不正の目的をもって、他の公益法人であると誤認されるおそれのある名称又は商号を使用することも禁止されています。（認定法９条４項・５項）

日本ＰＴＡも公益社団法人として国等の関係機関、企業、団体等から高い社会的信用を得ています。

認定法第９条（名称等）

４　公益社団法人又は公益財団法人でない者は、その名称又は商号中に、公益社団法人又は公益財団法人であると誤認されるおそれのある文字を用いてはならない。
５　何人も、不正の目的をもって、他の公益社団法人又は公益財団法人であると誤認されるおそれのある名称又は商号を使用してはならない。

②　税法上の優遇措置

公益法人が実施する収益事業についてのみ課税となり、その行う事業が公益法人認定上の公益目的事業（認定法２条４号）に該当するものは、収益事業の範囲から除外されます。（法人税法施行令５条２項１号）また、公益法人については税務上「特定公益増進法人」（所得税法78条２項３号、同法施行令217条１項３号、法人税法37条４項、同法施行令77条３号）として取り扱われ、法人に対して寄附をする者に対する税務上のメリットが生じるため、寄附金を集めやすくなります。

認定法第２条（定義）

四　公益目的事業　学術、技芸、慈善その他の公益に関する別表各号の掲げる種類の事業であって、不特定かつ多数の利益の増進に寄与するものをいう。

公益法人としての制約

①　事業活動の制約

公益事業を受けるには、認定法5条に規定する各種公益認定の基準を満たさなければなりません。

［例］公益法人の財務の３基準

（収支相償）

・　公益目的事業を行うに当たり、当該公益目的事業の実施に要する適正な費用を償う額を超える収入を得てはならない。（認定法５条６号・14条）

（公益目的事業比率）

・　毎事業年度における公益目的事業比率が百分の五十以上となるように公益目的事業を行わなければならない。（認定法５条８号・15条）

（遊休財産額保有制限）

・　毎事業年度の末日における遊休財産額は、公益法人が当該事業年度に行った公益目的事業と同一の内容及び規模の公益目的事業を翌事業年度においても引き続き行うために必要な額として、当該事業年度における公益目的事業の実施に要した費用額を基礎として内閣令で定めるところにより算定した額を超えてはならない。（認定法５条９号・16条）

②　行政庁（内閣府、都道府県）による指導監督

公益法人に対しては、事業の適正な運営を確保する観点から、運営組織及び事業活動について、毎年度行政庁に対する報告（提出）義務や立入検査があります。（認定法27条・59条）

第2章

公益社団法人
日本PTA全国協議会の綱領

(1) 綱領

公益社団法人日本PTA全国協議会は、教育を本旨とし、特定の政党や宗教に偏ることなく、小学校及び中学校におけるPTA活動を通して、わが国における社会教育、家庭教育の充実に努めるとともに、家庭、学校、地域の連携を深め、児童・生徒の健全育成と福祉の増進を図り、もって社会の発展に寄与することを目的とする。

・綱領とは団体の立場・目的などを定めた基本方針であり規範です。公益社団法人日本PTA全国協議会「以下（日本PTA）という。」の綱領は定款第３条の法人の目的として定められています。その内容については最初に「教育を本旨とし」とあり、教育関係団体であることが記されています。そのため次に「特定の政党や宗教に偏ることなく」は日本PTAの政治的中立・宗教的中立という団体の立場を明らかにしています。

「小学校及び中学校における～」以下からは日本PTAが社会教育法第10条の社会教育関係団体であることと団体の活動目的を明らかにしています。

特に「家庭、学校、地域の連携を深め」は平成18年に改正された教育基本法第13条（学校、家庭及び地域住民等の相互の連携協力）を踏まえ、今後のＰＴＡ活動の方向性を示しています。

(2) 基本的な視点

・日本PTAは綱領を踏まえて、次の具体的な目標を総会（平成28年度）で決議しています。

一、　子どもたちの心身ともに健全な成長を図るため、社会の変化に対応した教育改革等に主体的に取り組み、全国のPTA会員とともに、新たな時代の要請に応えるPTAのあり方を探求し、社会教育関係団体の一員としての責任を果たしていく。また、PTA全国組織として、PTAの存在意義を明確にし、組織運営のあり方など活性化方策を構築し、その普及啓発を進めていく。

【教育改革等に主体的に取り組む】

一、　子どもたちの教育の原点は家庭にあることを再認識し、保護者としての意識を高め、責任を果たし、子どもとともに成長していく。加えて、学校教育・地域教育についての理解も深めつつ、家庭における教育力の向上を目指していく。

【家庭における教育力の向上】

一、　子どもたちを取り巻く様々な問題の現実を深刻に受け止め、いじめ、非行及び不登校等の防止に努めると同時に「いのち」の尊さと「人権」の大切さを強く訴えていく。
また、ケータイ・スマートフォンのメールやインターネットの正しい知識の啓発と情報モラル向上に努めていく。

【いのち・人権の大切さを強く訴える】

一、　子どもたちの社会環境や自然環境を守り親しむ心を培うとともに、国際理解を深め、平和を希求する人の育成を目指していく。

【子どもたちの健全育成】

一、　子どもたちの安全・安心を社会全体で見守っていくことができるようなより良い生活環境づくりを目指していく。

【子どもたちの安全・安心】

一、　上記を達成するため、関係府省庁や機関等との連携・協力を一層密にするとともに、家庭、学校及び地域の幅広いかつ力強い連携と融合を進めていく。　**【連携・協力】**

PTAに関係する法規（抄）

第3章

(1)　日本国憲法

・日本国憲法は1946年（昭和21年）11月3日に公布された国の最高法規です。前文と第1条から第103条までの条文からなり、その構成は第1章　天皇、第2章　戦争の放棄、第3章　国民の権利及び義務、第4章　国会、第5章　内閣、第6章　司法、第7章　財政、第8章　地方自治、第9章　改正、第10章　最高法規、第11章　補則となっています。そしてその基本原理は「国民主権」「基本的人権の尊重」「平和主義」の3つです。

以下、PTA活動をしていく上で必要最小限知っておきたい条文を列挙しました。

第11条

国民は、すべての基本的人権の享有を妨げられない。この憲法が国民に保障する基本的人権は、侵すことのできない永久の権利として、現在及び将来の国民に与えられる。

・基本的人権は人が生まれながらに持っている権利であり、人であれば当然保障されるもの（人権の固有性）であり、人種や性別を問わず（人権の普遍性）誰でももっているものです。また国等の公権力によって侵すことのできない（不可侵性）権利です。

第12条

この憲法が国民に保障する自由及び権利は、国民の不断の努力によって、これを保持しなければならない。又、国民は、これを濫用してはならないのであって、常に公共の福祉のためにこれを利用する責任を負ふ。

・人権は国民の絶えまない努力によって保持すること、濫用があってはならないこと、常に公共の福祉のために利用する責任を負っていることが定められています。権利には反面、義務と責任が伴っています。

第13条

すべて国民は、個人として尊重される。生命、自由及び幸福追求に対する国民の権利については、公共の福祉に反しない限り、立法その他の国政の上で、最大の尊重を必要とする。

・他人の権利を侵害しない限り、すべての人は個人として尊重され、生命、自由および幸福を追求する権利(幸福追求権)を人権として保障されています。

第14条

すべて国民は、法の下に平等であって、人種、信条、性別、社会的身分又は門地により、政治的、経済的又は社会的関係において、差別されない。

華族その他の貴族の制度は、これを認めない。

栄誉、勲章その他の栄典の授与は、現にこれを有し、又は将来これを受ける者の一代に限り、いかなる特権も伴わない。栄典の授与はその効力を有する。

・「自由」と「平等」は近代憲法の基本原理の一つです。「信条」とは、宗教、思想、政治に関するものの考え方、「門地」とは家柄など生まれ育った境遇です。

第19条

思想及び良心の自由は、これを侵してはならない。

第23条

学問の自由は、これを保障する。

第26条

すべて国民は、法律の定めるところにより、その能力に応じて、ひとしく教育を受ける権利を有する。
すべて国民は、法律の定めるところにより、その保護する子女に普通教育を受けさせる義務を負ふ。義務教育は、これを無償とする。

・子どもから大人まですべての国民に教育を受ける権利を保障しています。次に「勤労の義務」「納税の義務」とともに国民の三大義務のひとつである保護者の「教育を受けさせる義務」について定めています。また義務教育の無償については、授業料の無償を意味しており、教科書については「義務教育諸学校の教科用図書の無償措置に関する法律」で教科書は無償となっています。

(2) 教育基本法

・新教育基本法は2006年（平成18年）12月22日に旧教育基本法（1947年（昭和22年））を全面改正して公布・施行されました。新法ではなく改正となっているのは旧教育基本法の「個人の尊厳」、「人格の完成」、「平和的な国家社会の形成」といった旧教育基本法の理念を継続しているためです。

新教育基本法では上記の三つの理念と新たに「公共の精神」の尊重、「豊かな人間性と創造性」、「伝統の継承」が規定されました。

教育基本法は日本国憲法の精神にのっとり、国の教育及び教育制度全体に通じる基本理念と基本原理を明らかにすることを目的として制定された重要な法律です。

新教育基本法は第1条から第18条までの条文となっており、新たに生涯学習（第3条）、大学（第7条）、私立学校（第8条）、教員（第9条）、家庭教育（第10条）、幼児期教育（第11条）、学校・家庭・地域社会の連携（第13条）、教育振興基本計画等に関する規定（第17条）が設けられ、旧法の規定から男女共学に関する規定（旧第５条）が削除されました。

第１条（教育の目的）

教育は、人格の完成を目指し、平和で民主的な国家及び社会の形成者として必要な資質を備えた心身ともに健康な国民の育成を期して行わなければならない。

・教育が何を目指し、どのような人間を育てるかという、根本目的を定めています。つまり教育の最終的な目的を「人格の完成」とし、すべて教育は、平和で民主的な国家及び社会の形成者として必要な資質を備えた心身ともに健康な国民の育成を期して行わなければならないことを明記しています。

第2条(教育の目標)

教育は、その目的を実現するため、学問の自由を尊重しつつ、次に掲げる目標を達成するよう行われるものとする。

一　幅広い知識と教養を身に付け、真理を求める態度を養い、豊かな情操と道徳心を培うとともに、健やかな身体を養うこと。

二　個人の価値を尊重して、その能力を伸ばし、創造性を培い、自主及び自律の精神を養うとともに、職業及び生活との関連を重視し、勤労を重んずる態度を養うこと。

三　正義と責任、男女の平等、自他の敬愛と協力を重んずるとともに、公共の精神に基づき、主体的に社会の形成に参画し、その発展に寄与する態度を養うこと。

四　生命を尊び、自然を大切にし、環境の保全に寄与する態度を養うこと。

五　伝統と文化を尊重し、それらをはぐくんできた我が国と郷土を愛するとともに、他国を尊重し、国際社会の平和と発展に寄与する態度を養うこと。

・第1条の「教育の目的」を実現するために、学問の自由(日本国憲法第23条)を尊重し、五項目に教育の具体的目標を規定しています。五項目の内容の大部分は学習指導要領等で示されていますが、学校教育だけではなく、社会教育、家庭教育等のすべての教育に及んでいます。

第3条（生涯学習の理念）

> 国民一人一人が、自己の人格を磨き、豊かな人生を送ることができるよう、その生涯にわたって、あらゆる機会に、あらゆる場所において学習することができ、その成果を適切に生かすことのできる社会の実現が図られなければならない。

・科学技術の進歩、社会構造の変化、高齢化の進展などに伴って、生涯学習社会の実現が重要な課題となっているため、本条が規定されています。

「生涯学習」という概念は学校教育、社会教育、職業訓練、スポーツ・文化活動、レクリエーション活動、ボランティア活動等あらゆる学習の総合的な概念です。

生涯学習については中央教育審議会「生涯学習の基盤整備について」（平成2年1月30日）の答申においては「①　生涯学習は、生活の向上、職業上の能力の向上や、自己の充実を目指し、各人が自発的意思に基づいて行うことを基本とするものであること。②　生涯学習は、必要に応じ、可能なかぎり自己に適した手段及び方法を自ら選びながら生涯を通じて行うものであること。③　生涯学習は、学校や社会の中で意図的、組織的な学習活動として行われるだけでなく、人々のスポーツ活動、文化活動、趣味、レクリエーション活動、ボランティア活動などの中でも行われるものであること。」となっています。

第4条（教育の機会均等）

すべて国民は、ひとしく、その能力に応じた教育を受ける機会を与えられなければならず、人種、信条、性別、社会的身分、経済的地位又は門地によって、教育上差別されない。

2　国及び地方公共団体は、障害のある者が、その障害の状態に応じ、十分な教育を受けられるよう、教育上必要な支援を講じなければならない。

3　国及び地方公共団体は、能力があるにもかかわらず、経済的理由によって修学が困難な者に対して、奨学の措置を講じなければならない。

・教育における差別の禁止、障害のある人が十分な教育を受けられる教育上必要な支援、国及び地方公共団体による奨学の措置について規定しています。

第５条（義務教育）

国民は、その保護する子に、別に法律で定めるところにより、普通教育を受けさせる義務を負う。
2　義務教育として行われる普通教育は、各個人の有する能力を伸ばしつつ社会において自立的に生きる基礎を培い、また、国家及び社会の形成者として必要とされる基本的な資質を養うことを目的として行われるものとする。
3　国及び地方公共団体は、義務教育の機会を保障し、その水準を確保するため、適切な役割分担及び相互の協力の下、その実施に責任を負う。
4　国又は地方公共団体の設置する学校における義務教育については、授業料を徴収しない。

・この条文には日本国憲法第26条２項に規定されている「保護する子女に普通教育を受けさせる義務」と「義務教育の無償」を具体化した規定です。また、義務教育の目的、国及び地方公共団体の役割、責任について規定されています。

第6条（学校教育）

　法律に定める学校は、公の性質を有するものであって、国、地方公共団体及び法律に定める法人のみが、これを設置することができる。
2　前項の学校においては、教育の目標が達成されるよう、教育を受ける者の心身の発達に応じて、体系的な教育が組織的に行われなければならない。この場合において、教育を受ける者が、学校生活を営む上で必要な規律を重んずるとともに、自ら進んで学習に取り組む意欲を高めることを重視して行われなければならない。

・学校の設置者について規定されているとともに、学校教育は、体系的・組織的に行われるべきこと、また、学校教育においては、児童生徒が、規律を重んずるとともに、学習意欲を高めることを重視すべきことを規定しています。

第9条（教員）

　法律に定める学校の教員は、自己の崇高な使命を深く自覚し、絶えず研究と修養に励み、その職責の遂行に努めなければならない。
2　前項の教員については、その使命と職責の重要性にかんがみ、その身分は尊重され、待遇の適正が期せられるとともに、養成と研修の充実が図られなければならない。

・教員の使命と職責、待遇の適正などについて、また、教員は研究と修養に励むべきことや、養成と研修の充実が図られるべきことを規定しています。

第10条（家庭教育）

父母その他の保護者は、子の教育について第一義的責任を有するものであって、生活のために必要な習慣を身に付けさせるとともに、自立心を育成し、心身の調和のとれた発達を図るよう努めるものとする。

2　国及び地方公共団体は、家庭教育の自主性を尊重しつつ、保護者に対する学習の機会及び情報の提供その他の家庭教育を支援するために必要な施策を講ずるよう努めなければならない。

・すべての教育の出発点である家庭教育の重要性に基づき、保護者が子どもの教育について第一義的責任を有すること、国及び地方公共団体が家庭教育支援に努めるべきことを規定しています。

家庭教育については中央教育審議会「21世紀を展望した我が国の教育の在り方について(第一次答申)」(平成8年7月19日)において「家庭教育は、乳幼児期の親子のきずなの形成に始まる家族との触れ合いを通じ、「生きる力」の基礎的な資質や能力を育成するものであり、すべての教育の出発点である。」としており、家庭の教育力の低下を踏まえて「子供の教育や人格形成に対し最終的な責任を負うのは家庭であり、子供の教育に対する責任を自覚し、家庭が本来、果たすべき役割を見つめ直していく必要があることを訴えたい。親は、子供の教育を学校だけに任せるのではなく、これからの社会を生きる子供にとって何が重要でどのような資質や能力を身に付けていけばよいのかについて深く考えていただきたい。

とりわけ、基本的な生活習慣・生活能力、豊かな情操、他人に対する思いやり、善悪の判断などの基本的倫理観、社会的なマナー、自制心や自立心など「生きる力」の基礎的な資質や能力は、家庭教育においてこそ培われるものとの認識に立ち、親がその責任を十分発揮することを望みたい。」と述べられています。また、行政の役割として「家庭における教育は、本来すべて家庭の責任にゆだねられており、それぞれの価値観やスタイルに基づいて行われるべきものである。したがって、行政の役割は、あくまで条件整備を通じて、家庭の教育力の充実を支援していくということである。」としています。

第12条（社会教育）

個人の要望や社会の要請にこたえ、社会において行われる教育は、国及び地方公共団体によって奨励されなければならない。
2　国及び地方公共団体は、図書館、博物館、公民館その他の社会教育施設の設置、学校の施設の利用、学習の機会及び情報の提供その他の適当な方法によって社会教育の振興に努めなければならない。

・「社会教育」とは、個人の要望や社会の要請にこたえ、社会において行われる教育として定められています。また、社会教育が国及び地方公共団体によって奨励され、その振興に努めるべきことを規定しています。

公益社団法人日本ＰＴＡ全国協議会は社会教育法第10条における社会教育関係団体です。

第13条(学校、家庭及び地域住民等の相互の連携協力)

学校、家庭及び地域住民その他の関係者は、教育におけるそれぞれの役割と責任を自覚するとともに、相互の連携及び協力に努めるものとする。

・学校、家庭、地域社会は教育を担う三主体となっており、それぞれが連携協力しておくことが重要であること、教育におけるそれぞれの役割と責任を自覚すること、相互の連携・協力が規定されています。

第14条(政治教育)

良識ある公民として必要な政治的教養は、教育上尊重されなければならない。

2 法律に定める学校は、特定の政党を支持し、又はこれに反対するための政治教育その他政治的活動をしてはならない。

・民主主義社会における政治的教養の尊重と教育の政治的中立性の確保を規定しています。

第15条(宗教教育)

宗教に関する寛容の態度、宗教に関する一般的な教養及び宗教の社会生活における地位は、教育上尊重されなければならない。

2 国及び地方公共団体が設置する学校は、特定の宗教のための宗教教育その他宗教的活動をしてはならない。

・宗教に関する一般的な教養とは、主要な宗教の歴史、特色、世界における宗教の分布等を意味しています。また、国公立学校の宗教的中立性を規定しています。

⑶　社会教育法

・社会教育法は、教育基本法（平成18年法律第120号）の精神に則り、社会教育に関する国及び地方公共団体の任務について規定しています。また、社会教育法は、学校教育法で定める学校の教育課程として行われる教育活動を除いた組織的な教育活動を法律上の社会教育として定義しています。関連する法律には図書館法（昭和25年法律第118号）、博物館法（昭和26年法律第285号）があります。

第1条（この法律の目的）

この法律は、教育基本法（平成18年法律第120号）の精神に則り、社会教育に関する国及び地方公共団体の任務を明らかにすることを目的とする。

・教育基本法第12条（社会教育）には国及び地方公共団体は社会教育の振興に努めなければならないと定められています。

日本国憲法の第26条には、すべての国民が教育を受ける権利を定めています。

また、教育基本法の第1条には、教育の目的として、「人格の完成を目指し、平和で民主的な国家及び社会の形成者として必要な資質を備えた心身ともに健康な国民の育成」について定められ、第3条の生涯学習の理念として、国民が「その生涯にわたって、あらゆる機会に、あらゆる場所において学習することができ、その成果を適切に生かすことのできる社会の実現」について定められています。これらの目的・目標を達成していくためには学校教育とともに、社会教育が重要な役割を果たします。

第2条（社会教育の定義）

この法律で「社会教育」とは、学校教育法（昭和22年法律第26号）に基き、学校の教育課程として行われる教育活動を除き、主として青少年及び成人に対して行われる組織的な教育活動（体育及びレクリエーションの活動を含む。）をいう。

・教育基本法第12条の社会教育について「個人の要望や社会の要請にこたえ、社会において行われる教育」となっています。

また、「社会教育」とは、教育のうち学校または家庭において行われる教育を除き、主として青少年及び成人に対する組織的教育活動としており、広範囲にわたる教育活動となっています。

なお家庭教育については教育基本法第10条に規定されています。

第3条(国及び地方公共団体の任務)

国及び地方公共団体は、この法律及び他の法令の定めるところにより、社会教育の奨励に必要な施設の設置及び運営、集会の開催、資料の作製、頒布その他の方法により、すべての国民があらゆる機会、あらゆる場所を利用して、自ら実際生活に即する文化的教養を高め得るような環境を醸成するように努めなければならない。

2 国及び地方公共団体は、前項の任務を行うに当たっては、国民の学習に対する多様な需要を踏まえ、これに適切に対応するために必要な学習の機会の提供及びその奨励を行うことにより、生涯学習の振興に寄与することとなるよう努めるものとする。

3 国及び地方公共団体は、第一項の任務を行うに当たっては、社会教育が学校教育及び家庭教育との密接な関連性を有することにかんがみ、学校教育との連携の確保に努め、及び家庭教育の向上に資することとなるよう必要な配慮をするとともに、学校、家庭及び地域住民その他の関係者相互間の連携及び協力の促進に資することとなるよう努めるものとする。

第10条(社会教育関係団体の定義)

この法律で「社会教育関係団体」とは、法人であると否とを問わず、公の支配に属しない団体で社会教育に関する事業を行うことを主たる目的とするものをいう。

第12条(国及び地方公共団体との関係)

国及び地方公共団体は、社会教育関係団体に対し、いかなる方法によっても、不当に統制的支配を及ぼし、又はその事業に干渉を加えてはならない。

第44条（学校施設の利用）

学校（国立学校又は公立学校をいう。以下この章において同じ。）の管理機関は、学校教育上支障がないと認める限り、その管理する学校の施設を社会教育のために利用に供するように努めなければならない。 2　（省略）

(4) 学校教育法

・学校教育法（昭和22年法律第26号）は我が国の学校教育制度について定めた法律です。下位法令として「学校教育法施行令」と「学校教育法施行規則」があります。また、関連法として「地方教育行政の組織及び運営に関する法律」（昭和31年法律第162号）、「教職員免許法」（昭和24年法律第147号）、「学校保健安全法」（昭和33年法律第56号）、「学校給食法」（昭和29年法律第160号）等があります。

第1条

この法律で、学校とは、幼稚園、小学校、中学校、高等学校、中等教育学校、特別支援学校、大学及び高等専門学校とする。

・この条文は教育基本法第6条(学校)、第9条、第14条の条文の中の「法律に定める学校」について定めています。この8学校種が第1条で定められているところから、「一条校」といわれ、一定の水準を充足することを求められる正規の学校であり、強い公共性が求められています。

なお、一般に学校とは、特定の教育目的・教育計画に基づき、教員が児童・生徒・学生に組織的・継続的に教育活動を行う施設であるとされています。

第16条

保護者(子に対して親権を行う者(親権を行う者のないときは、未成年後見人)をいう。以下同じ。)は、次条に定めるところにより、子に9年の普通教育を受けさせる義務を負う。

・日本国憲法第26条、教育基本法第5条の規定を受け、義務教育の年限を9年として明記されています。

第17条

保護者は、子の満6歳に達した日の翌日以後における最初の学年の初めから、満12歳に達した日の属する学年の終わりまで、これを小学校又は特別支援学校の小学部に就学させる義務を負う。ただし、子が、満12歳に達した日の属する学年の終わりまでに小学校又は特別支援学校の小学部の課程を修了しないときは、満15歳に達した日の属する学年の終わり（それまでの間において当該課程を修了したときは、その修了した日の属する学年の終わり）までとする。

② 保護者は、子が小学校又は特別支援学校の小学部の課程を修了した日の翌日以後における最初の学年の初めから、満15歳に達した日の属する学年の終わりまで、これを中学校、中等教育学校の前期課程又は特別支援学校の中学部に就学させる義務を負う。

③ 前2項の義務の履行の督促その他これらの義務の履行に関し必要な事項は、政令で定める。

・前条の規定を受けて、保護者が小学校・中学校（特別支援学校は小学部・中学部）に就学させる義務について規定されています。保護者とは、子に対して親権を行う者をいいます。

第18条

> 前条第一項又は第二項の規定によって、保護者が就学させなければならない子（以下それぞれ「学齢児童」又は「学齢生徒」という。）で、病弱、発育不完全その他やむを得ない事由のため、就学困難と認められる者の保護者に対しては、市町村の教育委員会は、文部科学大臣の定めるところにより、同条第1項又は第２項の義務を猶予又は免除することができる。

・病弱、発育不全とは、治療または生命・健康の維持のため療養を必要とし、特別支援学校における教育を受けることが困難又は不可能である状態です。また、その他やむを得ない事由とは、児童・生徒の行方不明、少年院への入院期間、帰国子女の日本語習得期間等があります。

なお就学義務の猶予・免除の市町村教育委員会への手続きは、学校教育法施行規則第34条において、保護者は当該市町村の教育委員会の指定する医師その他の者の証明書等、その事由を証明する書類を添えて、願い出ることになっています。

第19条

経済的理由によって、就学困難と認められる学齢児童又は学齢生徒の保護者に対しては、市町村は、必要な援助を与えなければならない。

・保護者の経済的困難によって、児童・生徒が就学困難な場合は、設置者である市町村（学校教育法第38条、第49条で中学校に準用）は必要な援助をしなければならないが、「就学困難な児童及び生徒に係る就学奨励についての国の援助に関する法律」第２条において国は予算の範囲内において補助することになっています。具体的には要保護者（生活保護法に規定する要保護者）に対して、学用品又はその購入費、通学に要する交通費、修学旅行費です。また、そのほかには、子女に対する医療費補助、学校給食費、災害に係る共済掛金についても助成が行われています。

第20条

学齢児童又は学齢生徒を使用する者は、その使用によって、当該学齢児童又は学齢生徒が、義務教育を受けることを妨げてはならない。

・児童・生徒が労働に従事することにより、就学が阻害されることを防ぐため、使用者の義務が定められています。またこの規定に違反した者は、学校教育法第145条の規定により、10万円以下の罰金に処せられます。年少労働者の保護については、労働基準法等に規定されています。

第21条

義務教育として行われる普通教育は、教育基本法（平成18年法律第120号）第５条第２項に規定する目的を実現するため、次に掲げる目標を達成するよう行われるものとする。

一　学校内外における社会的活動を促進し、自主、自律及び協同の精神、規範意識、公正な判断力並びに公共の精神に基づき主体的に社会の形成に参画し、その発展に寄与する態度を養うこと。

二　学校内外における自然体験活動を促進し、生命及び自然を尊重する精神並びに環境の保全に寄与する態度を養うこと。

三　我が国と郷土の現状と歴史について、正しい理解に導き、伝統と文化を尊重し、それらをはぐくんできた我が国と郷土を愛する態度を養うとともに、進んで外国の文化の理解を通じて、他国を尊重し、国際社会の平和と発展に寄与する態度を養うこと。

四　家族と家庭の役割、生活に必要な衣、食、住、情報、産業その他の事項について基礎的な理解と技能を養うこと。
五　読書に親しませ、生活に必要な国語を正しく理解し、使用する基礎的な能力を養うこと。
六　生活に必要な数量的な関係を正しく理解し、処理する基礎的な能力を養うこと。
七　生活にかかわる自然現象について、観察及び実験を通じて、科学的に理解し、処理する基礎的な能力を養うこと。
八　健康、安全で幸福な生活のために必要な習慣を養うとともに、運動を通じて体力を養い、心身の調和的発達を図ること。
九　生活を明るく豊かにする音楽、美術、文芸その他の芸術について基礎的な理解と技能を養うこと。
十　職業についての基礎的な知識と技能、勤労を重んずる態度及び個性に応じて将来の進路を選択する能力を養うこと。

・2006年（平成18年）の教育基本法の改正により、旧教育基本法の「個人の尊厳」、「人格の完成」、「平和的な国家、社会の形成」といった理念を継続し、「公共の精神」の尊重、「豊かな人間性と創造性」、「伝統の継承」を新に規定しました。この改正を受け、新しく「義務教育の目標」が規定されました。

第29条

小学校は、心身の発達に応じて、義務教育として行われる普通教育のうち基礎的なものを施すことを目的とする。

・2007年（平成19年）の学校教育法改正により、小学校は義務教育としての普通教育の基礎的なもの、中学校は小学校の基礎のうえに立った義務教育としての普通教育（第45条）、高等学校は中学校の基礎のうえに立った高度な普通教育および専門教育を施すことになりました。（第50条）

第30条

　小学校における教育は、前条に規定する目的を実現するために必要な程度において第21条各号に掲げる目標を達成するよう行われるものとする。
②　前項の場合においては、生涯にわたり学習する基盤が培われるよう、基礎的な知識及び技能を習得させるとともに、これらを活用して課題を解決するために必要な思考力、判断力、表現力その他の能力をはぐくみ、主体的に学習に取り組む態度を養うことに、特に意を用いなければならない。

・小学校教育の到達目標の達成義務が定められています。

第31条

小学校においては、前条第1項の規定による目標の達成に資するよう、教育指導を行うに当たり、児童の体験的な学習活動、特にボランティア活動など社会奉仕体験活動、自然体験活動その他の体験活動の充実に努めるものとする。この場合において、社会教育関係団体その他の関係団体及び関係機関との連携に十分配慮しなければならない。

・学校教育における児童の体験活動の充実について定められています。また、その充実には、学校と家庭・地域との連携、社会教育関係団体等の関係団体及び関係機関との連携が必要になります。関連法の条文として社会教育法第5条の十四、十五において、市町村の教育委員会の事務として定められています。

第32条

小学校の修業年限は、6年とする。

第43条

小学校は、当該小学校に関する保護者及び地域住民その他の関係者の理解を深めるとともに、これらの者との連携及び協力の推進に資するため、当該小学校の教育活動その他の学校運営の状況に関する情報を積極的に提供するものとする。

＊中学校においても第49条において準用する。

第45条

　中学校は、小学校における教育の基礎の上に、心身の発達に応じて、義務教育として行われる普通教育を施すことを目的とする。

第46条

　中学校における教育は、前条に規定する目的を実現するため、第21条各号に掲げる目標を達成するよう行われるものとする。

第47条

　中学校の修業年限は、３年とする。

第4章

PTAに関する審議会等の答申（抜粋）

中央教育審議会とは

中央教育審議会（通称「中教審」という。）は2001年（平成13年）の中央省庁等改革の一環として、従来の中央教育審議会を母体としつつ、生涯学習審議会、理科教育及び産業教育審議会、教育課程審議会、教育職員養成審議会、大学審議会、保健体育審議会の機能を整理・統合して、文部科学省に設置されました。

中央教育審議会の設置根拠は、国家行政組織法（昭和23年法律第120号）第８条の規定に基づき、政令で定められた「中央教育審議会令」（平成12年６月７日政令第280号）があります。そして主な所掌事務は「文部科学省組織令」（平成12年６月７日政令第251号）の第86条に規定されています。その内容は

⑴文部科学大臣の諮問に応じて、教育の振興及び生涯学習の推進を中核とした豊かな人間性を備えた創造的な人材の育成に関する重要事項を調査審議し、文部科学大臣に意見を述べること。

⑵文部科学大臣の諮問に応じて生涯学習に係る機会の整備に関する重要事項を調査審議し、文部科学大臣又は関係行政機関の長に意見を述べること。

⑶法令の規定に基づき審議会の権限に属された事項を処理すること。

となっています。

審議会には課題別に「教育制度分科会」、「生涯学習分科会」、「初等中等教育分科会」、「大学分科会」の４つの分科会があり、そこに必要に応じて、部会が設置されて

います。また、どの分科会にも属さない、「教育振興基本計画部会」、「高大接続特別部会」があります。

なお社会教育審議会は1990年（平成2年）に生涯学習審議会に改称され、現在、社会教育の振興に関する重要事項は生涯学習分科会において審議されています。

(1) 父母と先生の会のあり方について
（昭和42. 6 .23社会教育審議会報告）

1　目的、性格について

「父母と先生の会（PTA）は、児童生徒の健全な成長をはかることを目的とし、親と教師とが協力して、学校および家庭における教育に関し、理解を深め、その教育の振興につとめ、さらに、児童生徒の校外における生活の指導、地域における教育環境の改善、充実をはかるため会員相互の学習その他必要な活動を行う団体である。」

（中略）

以上の諸活動を効果的にすすめるためには、会員相互の話しあいや、組織的な学習や実践が必要であり、さらに、父母と先生の会（PTA）相互の連絡協調や関連する諸団体等との連携をはかることが望ましい。

2　構成について

「父母と先生の会（PTA）は、各学校ごとに、その学校に在籍する児童生徒の親および教師によって、学校ごとに組織される。」

（中略）

なお、この会の目的達成のためには、会の趣旨に賛同する親と教師が自主的にできるだけ多く参加することが望ましい。

3　運営について

「父母と先生の会（PTA）は、会員の総意によって民主的に運営され、特定の政党、宗派にかたよる活動や、もっぱら営利を目的とする行為を行なわない。」

父母と先生の会（PTA）は、会員の総意にもとづき、親と教師が会員として同等の立場で運営されなければならない。したがって、会の運営や会務の処理等を一部の役員や学校の関係者のみにゆだねることは適切でない。

4　相互の連携提携について

父母と先生の会（PTA）相互の連絡を緊密にし、その発展をはかるとともに、共通の目的を達成するためには、その協力組織として、市町村、都道府県および全国的等の各段階における連絡協議体の果たす役割が重要であると考えられる。

⑵　急激な社会構造の変化に対処する社会教育のあり方について

（昭和46.4.30社会教育審議会答申）

第二部　社会教育振興の方向

3　社会教育に関する団体

⑴　団体の現状

ア　社会教育関係団体

社会教育関係団体は、社会教育法において、「法人であると否とを問わず、公の支配に属しない団体で社会教育に関する事業を行うことを主たる目的とするもの」と規定されているが、実に多種多様な団体が存在する。これを大別すれば、次のように三つの型に分類することができる。

(ア) 構成員の学習・向上を主とする団体

(中略) 父母と先生の会(PTA)

(イ) 構成員の学習・向上とともに対外的な社会教育事業を行なう団体

(中略)

(ウ) もっぱら対外的な社会教育事業を行なう団体

(中略)

(2) 社会的条件の変化と団体

エ 地域団体の再検討と新しい地域活動の展開

(中略)

PTAについては、父母と教師が協力して学校および家庭における教育に関し理解を深め、児童生徒の健全な成長を図るというPTA本来の目的・性格を確立することが必要である。

(3) 教育改革に関する第二次答申(抄)

(昭和61.4.23臨時教育審議会答申)

第二部 教育の活性化とその信頼を高めるための改革

第二章 家庭の教育力の回復

今日、家族形態の変化、兄弟姉妹の数の減少、女性の社会進出に応じた育児と職業生活を両立させるための条件の未整備、父親の存在感の希薄化、知育偏重の風潮などから、家庭の教育力は低下している。また、日々の生活を紡ぐという家庭生活の意義が軽視されている。しかし、子どもの心と体の発育過程を人間科学的に究明し、発達段階に応じ、適切な担い手により教育を行い、子どもの健康な心と体の発育を阻害する環境を改善する教育環境の人間化が求められている。この観点から、乳幼児期における親子の絆の形成や、社会生活に必要な基本的な生活習慣を、子どもに身に付けさせるためのしつけを行うなどの家庭教育の役割は極めて重要である。

また、家庭は、学校、社会と並ぶ生涯にわたる学習の場として位置付けられるとともに、生涯学習の原点として、新たな時代を主体的に生きぬく能力、意欲、個性を培う基盤となる。

以上のような立場から、家庭教育の役割とその重要性を明らかにするとともに、これを活性化するため講ずべき方策を提言する。

第一節　家庭教育の意義

いじめ、校内暴力、少年非行などの教育荒廃の背景には、学校教育にかかわる問題などとともに、家庭教育の役割が十分に果たされていないというゆゆしい問題がある。

今日、子どもたちの心の荒廃を克服していくためには、乳幼児期に親と子の基本的な信頼関係

（親子の絆）を形成するとともに、その上に立って適時・的確なしつけを行い、自己抑制力、他人に対する思いやりなどを身に付けさせることが大切であるが、これらは親が果たすべき重大な責務である。

このため、教育を学校のみの問題としてとらえがちであったことについて、家庭が反省し、自らの役割や責任を自覚することが何よりも重要である。

それとともに、学校はいじめなどの問題を学校の中だけで解決しようとする閉鎖的な態度を改め、家庭との連携を進める必要がある。その際、家庭の教育力の低下を学校が容易に補完するのではなく、家庭の実情を考慮しながらも、まず家庭に問題を投げかけてみることが大切である。

このような観点に立って、家庭の教育力の回復に資するための施策を推進する必要がある。

家庭の在り方は、産業構造の変化、サービス産業等の発展により家庭の果たしてきた機能が外部化するなどの社会変化に伴い変容している。しかし、子どもが心身ともに健康で充実した人生を歩むためには、家庭は少なくとも次の役割を果たすべきである。

㋐　乳幼児期の親と子の基本的な信頼関係（親子の絆）の形成

家庭教育の第一の役割は、子どもたちが生まれながらにもっている機能を円滑に働かせ得るように育むことである。そのためには、子どもに「自分は愛されており、自分を取り巻く環境は平和である」と感じさせること、すなわち、親子の信頼関係、とくに乳幼児期の母子相互作用による基本的な信頼関係（母と子の絆）を確立することが重要である。

(イ) 基本的な生活習慣を身に付けるためのしつけ

人間の心の働きの中心である脳の発育段階を考慮すると、乳幼児期から児童期にかけて、家庭での人間的なやりとりのなかで適時・的確なしつけを行い、基本的な生活習慣を身に付けさせておく必要がある。これは、親が果たすべき大きな責務である。とくに、就学前から、耐える力、自己抑制力や他人に対する思いやりを身に付けさせるとともに、就学後も子ども自らが全生活体験を通じ自立性、社会性を身に付ける過程を厳しく見守り、導かねばならない。

家庭がこのような役割を果たすためには、家庭・学校・地域を生涯にわたる教育の場として統合的にとらえ、三者が一体となって子どもを育てるという視点が重要である。とくに、学校教育制度の発達に伴い、教育を学校のみの問題や責任としてとらえがちであったことについて、家庭は反省し、自らの役割や責任を自覚するとともに、学校もその自己完結性、閉鎖性を改め、家庭との連携を進める必要がある。

第二節　家庭教育の活性化

家庭・学校・地域の三者が一体となって子どもを育てる視点に立ち、家庭が自らの役割や責任を自覚するとともに、家庭基盤の整備の推進などにより、家庭の教育力の回復を図る必要がある。

ア　親となるための学習を充実する。この観点から家庭科等を見直す。

イ　子どもの心をめぐるカウンセリングの普及を図る。その他、育児休業や新井戸端会議などを推進し、家庭が教育力を回復するための援助を行い、家庭基盤の整備を図る。

ウ　生命や自然への畏敬の念をもつなどの情操を養い、心と体の健康を育むため、自然体験学習、都市と農山漁村との交流を推進するほか、地域の教育力の活用と活性化を図る。

エ　家庭・学校・地域が、それぞれの役割を踏まえつつ連携し、三者一体となって子どもを育てるための環境をつくる。この観点から、PTA活動の活性化、学校教育活動への地域住民参加の推進、学校給食の見直しなどを行う。

①　将来、よき家庭人となるために必要な心、知識、技術が習得できるよう、年齢段階に応じた学習の内容や方法を検討する。すなわち、親およびこれから親となる者を対象とする学習の機会の充実を図る。学校教育においても、家庭科の位置付けや内容などを中心に、健康教育、徳育に関連する他の教科等との関連を含め見直す。

②　育児ノイローゼ、小児の心身症、さらに少年非行、家庭内暴力、いじめなどの背景には深刻な家庭問題がある。この解決のためには、これらの相談業務にかかわる関係機関の担当者、教育関係者、保育関係

者、医療関係者等がカウンセリング技能を一層向上させる必要がある。このため、大学および大学院においてカウンセラー養成課程を充実し、大学院における研修に社会人の受入れを拡大し、カリキュラムや学位認定等についても検討する。また、これらの相談業務にかかわる関係機関の担当者等の横断的な合同研修や地域レベルでの連絡協議を進める。

さらに、カウンセラーの資格制度等について、関係団体の動向を踏まえ関係機関が協力して早急に検討を進める。このため、関係省庁からなる連絡協議の場を設置する必要がある。また、子どもの心について、心理学、行動科学、小児科学などの学際的研究を進めることが必要である。

③　女性の社会進出が進むなかで、職業をもつ婦人が職業生活と育児を両立させる観点から、乳幼児期に育児に専念することを望む女子労働者のために、育児休業制度および女子再雇用制度の普及が必要である。このため、現在行われている助成措置の推進等の一層の政策努力を図る。また、復職に向けた離職期間中の能力開発のための教育訓練の充実、保育所の充実などの社会的な環境整備に努めるとともに、

育児休暇の普及に配慮する。

幼稚園、保育所、保健所、児童館等の子どもの生活に関する施設において、親およびこれから親になる人々が相互に気軽に情報交換や相互扶助が行える「新井戸端会議」の場の提供や高齢者の育児の知恵をいかした育児相談についての「シルバー人材」の活用に配慮する。

さらに、母親のみに育児を委ねることなく母親の精神的な支えとなるなどの父親の育児参加を進めるため、配偶者出産休暇、育児（授業参観等）のための休暇、親が転勤した時に子どもの高等学校への転・入学が円滑に行えるための配慮などが考えられる。

なお、母子家庭や父子家庭などのうち家庭の育成機能の補完を必要とする家庭に対しては、社会的にその育成機能を補完する措置を講ずるなど、その教育力向上のための施策を推進するとともに、家庭に恵まれない子どもたちに対しては、これにかわる適切な環境が与えられるよう一層配慮する必要がある。

④　地域社会の連帯感を回復し、地域の伝統文化を継承するため、各種行事の振興を図るとともに、社会奉仕、スポーツ、文化等の各種の団体活動を助長することが重要である。

また、生命や自然へ畏敬の念をもち、自然と調和して生き、人間として全体的な発育を遂げるために、自然体験学習、都市と農山漁村との交流などを通して、地域の森林、河川、海浜等の自然との触れ合いを一層進めることが望ましい。このため、受け皿を整備するとともに関係機関の連携を図る。

⑤　家庭・学校・地域は連携し、三者一体となって子どもを育てる必要がある。このためPTAについては、すべての親が教師とともに教育の在り方を考え話し合う場となるよう、地域懇談会、夜間の会合、

父親学級等の開催を推進し活性化を図る。また、学校の施設（教室、運動場、図書館、プール等）や機能の開放を促進するとともに、教師の手伝い、図書館業務、特別活動等の学校教育活動への地域住民の積極的参加が望まれる。さらに、学校から地域への参加を進めるため、地域の伝統文化、産業等を学校の教材として取り上げ活用するとともに、地域の社会教育施設、企業、病院、老人ホーム、乳児院、心身障害者施設、官公庁等を学習の場として活用する。

⑥　基本的な生活習慣を身に付けさせるためのしつけは、家庭と学校が協力して行うべきものである。しかし、家庭の教育力が低下しているので、両者の好ましい協力関係を築くため、まず、家庭の機能の回復を図ることが重要である。このため、学校は家庭の教育力の実情に応じつつ、本来家庭が果たすべき役割については、家庭にその役割を押し戻してみることが重要である。

また、学校においては、家庭の役割を踏まえ、社会性、団体性等の学校の特質をいかし、健康、安全、規範、情操等の育成を図る必要がある。この観点から、自然体験学習、社会見学、宿泊を伴う団体生活等の教育内容や方法を見直す。

⑦　食事に関する望ましい習慣を子どもに身に付けさせるためには、家庭と学校が連携・協力をすることが重要である。したがって、子どもの発達段階、学校段階、地域の事情に応じて、給食とその教育的意義について見直す必要がある。今日、家庭における栄養管理や望ましい食習慣の形成が十分でない面があるので、学校給食を通じてこれらに関する家庭の教育力の活性化を図る必要がある。例えば、家庭の食生活への助言、学校給食への親の参加、手作り弁当の日を設けること、学校給食に替えて手作り弁当を持参すること、などについて検討する。

⑷　教育改革に関する第四次答申（最終答申）（抄）
（昭和62．8．7臨時教育審議会答申）

第三章　改革のための具体的方策

第一節　生涯学習体制の整備

2　家庭・学校・社会の諸機能の活性化と連携

⑴　家庭の教育力の回復

家庭が自らの役割や責任を自覚するとともに、家庭基盤の整備の推進、家庭・学校・地域の連携などにより、乳幼児期における親子の絆の形成や社会生活に必要な基本的な生活習慣を身に付けさせることなど、家庭の教育力の回復を図る必要がある。

このため、親となるための学習の充実、家庭科の見直し、子どもの心をめぐるカウンセリングの普及、育児休業制度や新井戸端会議などを推進する。また、生命や自然への畏敬などの情操を養い、心身の健康を育むため、自然体験学習、都市と農山漁村との交流を推進するほか地域の教育力の活用と活性化を図る。さらに、PTA活動の活性化、学校教育活動への地域住民の積極的参加の推進、学校給食の見直しなどにより家庭・学校・地域が一体となって子どもを育てるための環境をつくる。

⑸ 地域における生涯学習機会の充実方策について（答申）

（平成８．４.24生涯学習審議会）

Ⅱ 地域社会に根ざした小・中・高等学校

1 地域社会の教育力の活用

⑵ 学校に対する地域社会の支援

○ PTA活動の活性化

学校に対する地域社会の支援の拡充のためには、地域の人々が、自分たちの学校として愛着を感じ、学校の問題を共有しようとする気持ちを持つことが大切である。そのためには、学校側からその現状を知らせ、課題を理解してもらい、その上で協力を求めることが必要である。

このためには、PTA活動の一層の活性化が不可欠である。PTAは、学校からの求めに応じ学校の諸活動に必要な支援・協力を行うとともに、学校を取り巻く課題を十分把握しながら、会員自らがやりがいを感じられるような、自主的な事業に取り組むことが重要である。また、組織的な活動ばかりでなく、個々の会員が各自の都合に合わせて柔軟に参加できるような多様な活動形態を工夫するとともに、職業を持つ人々が参加できるよう夜間や休日に活動の時間を設定するなどの工夫も考えられる。さらに、学校に対する地域社会の支援を拡充していくための一つの方策として、例えば、市町村教育委員会が核となり地域の社会教育団体や学識経験者などの参加を得て設けられる地域の教育問題に関する連絡協議の場に、PTAも積極的に参加していくことも考えられる。

PTA活動は、男女共同参画社会へ向けてのモデルともなるべき活動であり、男女両性がいろいろな場で共に参画していくことが求められる。父親の積極的な参加を促すために、各種の会合などの開催時間や場所を見直すことも必要になる。さらには、PTA活動への参加が保護者としてまた地域社会の構成員として当然のことであるとの認識が、企業を含め社会全体に広がる必要がある。行政としても、そのような意識の高まりや環境の醸成に向けて努力すべきである。

(6) 21世紀を展望した我が国の教育の在り方について(第一次答申)

(平成8.7.19中央教育審議会)

第2部　学校・家庭・地域社会の役割と連携の在り方
第4章　学校・家庭・地域社会の連携

(PTA活動の活性化への期待)

○　PTAは、学校と家庭が相互の教育について理解を深めあい、その充実に努めるとともに、地域における教育環境の改善・充実等を図るために保護者と教員の協力の下に組織され、子供たちの健やかな成長を願いつつ、これまで地域の実態に応じ、様々な活動を展開してきた。

家庭・地域社会それぞれについて、子供たちを取り巻く環境が著しく変化し、家庭や地域社会の教育力の低下が指摘されている今日、学校と家庭、さらには、地域社会を結ぶ懸け橋としてのPTA活動への期待は、ますます高いものとなってきている。しかし、率直に言って、現在のPTAの活動は、従来から父親の参加を得ることが難しかったことに加えて、女性の社会進出の進展等を背景として、PTAによっては、活動の展開や充実が困難になっているのが現状と言わなければならない。

PTA活動の重要性と今日の現状を踏まえ、PTAに対しては、その会合を夜間や休日に開催するなど、保護者等が一層参加しやすい環境づくりに努めるとともに、学校のOB、OGや地域の有志等の参加や協力も得ながら、家庭と学校とが連携協力して行う活動、家庭教育に関する学習活動、地域の教育環境の改善のための取組などを含め、その活動の充実を図っていくことを期待したい。

また、教員においては、従来に増してPTA活動についての理解を深め、積極的にその活動に参加することが望まれる。

あわせて、行政に対しては、PTAの今後の活動の充実のため、積極的な支援を進めていくことを求めたい。

(7) 新しい時代を切り拓く生涯学習の振興方策について ～知の循環型社会の構築を目指して～(答申)

(平成20. 2.19中央教育審議会)

第1部　今後の生涯学習の振興方策について

4　具体的方策

(学校・家庭・地域を結ぶPTA活動の充実)

○　PTAは保護者と教員がお互いを高めあい、子どもたちの健全な育成を支援する団体であり、学校行事の支援や登下校時の安全対策等、地域の行事、親子が参加してふれあう活動、保護者に対する子育て教室等様々な活動を各地域の実情に応じて実施しており、前述の子どもの放課後の居場所づくりへの協力や早寝早起き朝ごはん運動の推進等、学校・家庭・地域を結ぶ要として重要な役割を担っている。

○　近年、一部の地域では、共働きや勤務形態の多様化等によりPTA活動に参加したくとも参加できない保護者がある一方で様々な価値観からPTA離れが進んでいるとの指摘もあり、活動が停滞しているPTAもあると考えられる。保護者にとって、PTA活動は、地域の社会活動への参加の端緒となるものであることから、学校・家庭・地域の連携・協力を進める上で重要であり、各地域におけるPTAの活動状況等に関する実態の把握及び活動の充実が求められる。

＊参考

昭和29年２月４日　文部省父母と先生の会分科審議会
小学校「父母と先生の会（PTA）参考規約」

第5章

子どもに関する法律(妙)

(1) 子供・若者育成支援推進法
（平成21年7月8日　法律第71号）

2000年代の前半から少子高齢化、情報化、国際化などが進行し、青少年を取り巻く環境に大きな影響があるとして、政府は「青少年育成施策大綱」（平成20年12月）を策定しましたが、その後ニートやひきこもり、不登校など若者の自立に対する問題の深刻化、児童虐待、いじめ、少年による重大事件、有害情報の氾濫など、青少年を取り巻く環境は厳しい状態が続きました。これらのことを踏まえて、次代の社会を担う子ども・若者を総合的に育成支援していくための法律です。

第1条（目的）

この法律は、子ども・若者が次代の社会を担い、その健やかな成長が我が国社会の発展の基礎をなすものであることにかんがみ、日本国憲法及び児童の権利に関する条約の理念にのっとり、子ども・若者をめぐる環境が悪化し、社会生活を円滑に営む上での困難を有する子ども・若者の問題が深刻な状況にあることを踏まえ、子ども・若者の健やかな育成、子ども・若者が社会生活を円滑に営むことができるようにするための支援その他の取組（以下「子ども・若者育成支援」という。）について、その基本理念、国及び地方公共団体の責務並びに施策の基本となる事項を定めるとともに、子ども・若者育成支援推進本部を設置すること等により、他の関係法律による施策と相まって、総合的な子ども・若者育成支援のため施策（以下「子ども・若者育成支援策」という。）を推進することを目的とする。

第2条（基本理念）

子ども・若者育成支援は、次に掲げる事項を基本理念として行わなければならない。

一　一人一人の子ども・若者が、健やかに成長し、社会とのかかわりを自覚しつつ、自立した個人としての自己を確立し、他者とともに次代の社会を担うことができるようになることを目指すこと。

二　子ども・若者について、個人としての尊厳が重んぜられ、不当な差別的取扱いを受けることがないようにするとともに、その意見を十分に尊重しつつ、その最善の利益を考慮すること。

三　子ども・若者が成長する過程においては、様々な社会的要因が影響を及ぼすものであるとともに、とりわけ良好な家庭的環境で生活することが重要であることを旨とすること。

四　子ども・若者育成支援において、家庭、学校、職域、地域その他の社会のあらゆる分野におけるすべての構成員が、各々の役割を果たすとともに、相互に協力しながら一体的に取り組むこと。

五　子ども・若者の発達段階、生活環境、特性その他の状況に応じてその健やかな成長が図られるよう、良好な社会環境（教育、医療及び雇用に係る環境を含む。以下同じ。）の整備その他の必要な配慮を行うこと。

六　教育、福祉、保健、医療、矯正、更生保護、雇用その他の各関連分野における知見を総合して行うこと。

七　修学及び就業のいずれもしていない子ども・若者その他の子ども・若者であって、社会生活を円滑に営む上での困難の内容及び程度に応じ、当該子ども・若者の意思を十分に尊重しつつ、必要な支援を行うこと。

⑵　いじめ防止対策推進法

（平成25年６月28日　法律第71号）

この法律は、第１条の目的に定める通り、いじめへの対応と防止について、国及び地方公共団体、学校及び教職員、保護者等の責務等について規定しています。

第１条（目的）

この法律は、いじめが、いじめを受けた児童等の教育を受ける権利を著しく侵害し、その心身の健全な成長及び人格の形成に重大な影響を与えるのみならず、その生命又は身体に重大な危険を生じさせるおそれがあるものであることに鑑み、児童等の尊厳を保持するため、いじめの防止等(いじめの防止、いじめの早期発見及びいじめへの対処をいう。以下同じ。)のための対策に関し、基本理念を定め、国及び地方公共団体等の責務を明らかにし、並びにいじめの防止等のための対策に関する基本的な方針の策定について定めるとともに、いじめの防止等のための対策の基本となる事項を定めることにより、いじめの防止等のための対策を総合的かつ効果的に推進することを目的とする。

第2条(定義)

この法律において「いじめ」とは、児童等に対して、当該児童等が在籍する学校に在籍している等当該児童等と一定の人的関係にある他の児童等が行う心理的又は物理的な影響を与える行為(インターネットを通じて行われるものを含む。)であって、当該行為の対象となった児童等が心身の苦痛を感じているものをいう。

2　この法律において「学校」とは、学校教育法(昭和22年法律第26号)第1条に規定する小学校、中学校、高等学校、中等教育学校及び特別支援学校(幼稚部を除く。)をいう。

3　この法律において「児童等」とは、学校に在籍する児童又は生徒をいう。

4　この法律において「保護者」とは、親権を行う者(親権を行う者のないときは、未成年後見人)をいう。

第3条(基本理念)

いじめの防止等のための対策は、いじめが全ての児童等に関係する問題であることに鑑み、児童等が安心して学習その他の活動に取り組むことができるよう、学校の内外を問わずいじめが行われなくなるようにすることを旨として行われなければならない。

2　いじめの防止等のための対策は、全ての児童等がいじめを行わず、及び他の児童等に対して行われるいじめを認識しながらこれを放置することがないようにするため、いじめが児童等心身に及ぼす影響その他のいじめの問題に関する児童等の理解を深めることを旨として行われなければならない。

3　いじめの防止等のための対策は、いじめを受けた児童等の生命及び心身を保護することが特に重要であることを認識しつつ、国、地方公共団体、学校、地域住民、家庭その他の関係者の連携の下、いじめの問題を克服することを目指して行われなければならない。

第４条（いじめの禁止）

児童等は、いじめを行ってはならない。

第9条（保護者の責務等）

保護者は、子の教育について第一義的責任を有するものであって、その保護する児童等がいじめを行うことのないよう、当該児童等に対し、規範意識を養うための指導その他の必要な指導を行うよう努めるものとする。
2　保護者は、その保護する児童等がいじめを受けた場合には、適切に当該児童等をいじめから保護するものとする。
3　保護者は、国、地方公共団体、学校の設置者及びその設置する学校が講ずるいじめの防止等のための措置に協力するよう努めるものとする。
4　第1項の規定は、家庭教育の自主性が尊重されるべきことに変更を加えるものと解してはならず、また、前3項の規定は、いじめの防止等に関する学校の設置者及びその設置する学校の責任を軽減するものと解してはならない。

⑶　子どもの貧困対策の推進に関する法律
（平成25年6月26日　法律第64号）

この法律は、子どもの貧困対策として、国、地方公共団体、国民の責務、法制上の措置、教育、生活等の支援等について規定しています。

第1条（目的）

この法律は、子どもの将来がその生まれ育った環境によって左右されることのないよう、貧困の状況にある子どもが健やかに育成される環境を整備するとともに、教育の機会均等を図るため、子どもの貧困対策に関し、基本理念を定め、国等の責務を明らかにし、及び子どもの貧困対策の基本となる事項を定めることにより、子どもの貧困対策を総合的に推進することを目的とする。

第2条（基本理念）

子どもの貧困対策は、子ども等に対する教育の支援、生活の支援、就労の支援、経済的支援等の施策を、子どもの将来がその生まれ育った環境によって左右されることのない社会を実現することを旨として講ずることにより、推進されなければならない。

2　子どもの貧困対策は、国及び地方公共団体の関係機関相互の密接な連携の下に、関連分野における総合的な取組として行わなければならない。

(4)　児童買春、児童ポルノに係る行為等の規制及び処罰並びに児童の保護等に関する法律

（平成11年5月26日　法律第52号）

この法律は、児童買春、児童ポルノに係る行為等を規制し、処罰するとともに、これらの行為等により心

身に有害な影響を受けた児童の保護のための措置等について規定されています。

第1条(目的)

この法律は、児童に対する性的搾取及び性的虐待が児童の権利を著しく侵害することの重大性に鑑み、あわせて児童の権利の擁護に関する国際的動向を踏まえ、児童買春、児童ポルノに係る行為等を規制し、及びこれらの行為等を処罰するとともに、これらの行為等により心身に有害な影響を受けた児童の保護のための措置等を定めることにより、児童の権利を擁護することを目的とする。

第2条(定義)

① この法律において「児童」とは、18歳に満たない者をいう。

② この法律において「児童買春」とは、次の各号に掲げる者に対し、対償を供与し、又はその供与の約束をして、当該児童に対し、性交等(性交若しくは性交類似行為をし、又は自己の性的好奇心を満たす目的で、児童の性器等(性器、肛門又は乳首をいう。以下同じ。)を触り、若しくは児童に自己の性器等を触れさせることをいう。以下同じ。)をすることをいう。

一 児童

二 児童に対する性交等の周旋をした者

三 児童の保護者(親権を行う者、未成年後見人その他の者で、児童を現に監護するものをいう。以下同じ。)又は児童をその支配下に置いている者

③ この法律において「児童ポルノ」とは、写真、電磁的記録(電子的方式、磁気的方式その他の知覚によっ

ては認識することができない方式で作られる記録であって、電子計算機による情報処理の用に供されるものをいう。以下同じ。）に係る記録媒体その他の物であって、次の各号のいずれかに掲げる児童の姿態を視覚により認識することができる方法により描写したものをいう。

一　児童を相手方とする又は児童による性交又は性交類似行為に係る児童の姿態

二　他人が児童の性器等を触る行為又は児童が他人の性器等を触る行為に係る児童の姿態であって性欲を興奮させ又は刺激するもの

三　衣服の全部又は一部を着けない児童の姿態であって、殊更に児童の性的な部位（性器等若しくはその周辺部、臀部又は胸部をいう。）が露出され又は強調されているものであり、かつ、性欲を興奮させ又は刺激するもの

⑸　児童虐待の防止等に関する法律
（平成12年５月24日　法律第82号）

この法律は、1990年代に児童虐待が社会問題化したことを背景に、児童への虐待を禁止し、虐待を受けた児童を早期に発見・保護して、自立を支援するなどを規定しています。

第１条（目的）

この法律は、児童虐待が児童の人権を著しく侵害し、その心身の成長及び人格の形成に重大な影響を与えるとともに、我が国における将来の世代の育成にも懸念を及ぼすことにかんがみ、児童に対する虐待の禁止、児童虐待の予防及び早期発見その他の児童虐待の防止に関する国及び地方公共団体の責務、児童虐待を受けた児童の保護及び自立の支援のための措置等を定めることにより、児童虐待の防止等に関する施策を促進し、もって児童の権利利益の擁護に資することを目的とする。

第２条（児童虐待の定義）

この法律において、「児童虐待」とは、保護者（親権を行う者、未成年後見人その他の者で、児童を現に監護するものをいう。以下同じ。）がその監護する児童（18歳に満たない者をいう。以下同じ。）について行う次に掲げる行為をいう。

一　児童の身体に外傷が生じ、又は生じるおそれのある暴行を加えること。
二　児童にわいせつ行為をすること又は児童をしてわいせつな行為をさせること。
三　児童の心身の正常な発達を妨げるような著しい減食

又は長時間の放置、保護者以外の同居人による前二号又は次号に掲げる行為と同様の行為の放置その他の保護者としての監護を著しく怠ること。

四　児童に対する著しい暴言又は著しく拒絶的な対応、児童が同居する家庭における配偶者に対する暴力（配偶者（婚姻の届出をしていないが、事実上婚姻関係と同様の事情にある者を含む。）の身体に対する不法な攻撃であって生命又は身体に危害を及ぼすもの及びこれに準ずる心身に有害な影響を及ぼす言動をいう。）その他の児童に著しい心理的外傷を与える言動を行うこと。

第３条（児童に対する虐待の禁止）

何人も、児童に対し、虐待をしてはならない。

⑹　青少年が安全に安心してインターネットを利用できる環境の整備等に関する法律

（平成20年６月18日　法律第79号）

この法律は、インターネットにおける青少年に対する有害情報、犯罪被害等に対応するため、国及び地方公共団体、関係事業者、保護者の責務と提供事業者等の義務などについて規定しています。

第１条（目的）

この法律は、インターネットにおいて青少年有害情報が多く流通している状況にかんがみ、青少年のインターネットを適切に活用する能力の習得に必要な措置を講ずるとともに、青少年有害情報フィルタリングソフトウェアの性能の向上及び利用の普及その他の青少年がインターネットを利用して青少年有害情報を閲覧する機会をできるだけ少なくするための措置等を講ずることにより、青少年が安全に安心してインターネットを利用できるようにして、青少年の権利の擁護に資することを目的とする。

⑺　その他子どもに関する法律等

・児童の権利に関する条約（平成６年５月16日）

児童（18歳未満）の権利について定めた国際条約であり、我が国はこの「児童の権利に関する条約」と同条約を補完する「武力紛争における児童の関与に関する児童の権利に関する条約の選択議定書」と「児童の売買、児童買春及び児童ポルノに関する児童の権利に関する条約の選択議定書」の締約国になっています。通称「子どもの権利条約」と称しています。

・子ども・子育て支援法
（平成24年８月12日　法律第65号）

この法律は、第１条に規定されているように、急速な少子化の進行と家庭及び地域を取り巻く環境の変化から、児童福祉法その他の子どもに関する法律による施策とともに、子ども・子育て支援給付その他の子ども及び子どもを養育している者に必要な支援を行い、子どもが健やかに成長することができる社会の寄与することを目的としています。

・就学困難な児童及び生徒に係る就学奨励についての国の援助に関する法律
(昭和31年3月30日　法律第40号)

この法律は、経済的理由によって就学困難な児童及び生徒について学用品を給与する等就学奨励を行う地方公共団体に対し、国が必要な援助を与えることを定めています。

・自殺対策基本法(平成18年6月21日　法律第85号)

この法律に基づき、平成24年に閣議決定された「自殺総合対策大綱」には子どもや若者の自殺対策は重要な課題としています。文部科学省においては児童生徒の自殺予防に関する調査研究協力者会議において、自殺予防教育の在り方の調査研究、学校における自殺予防教育導入の手引きの作成、これに基づき、教育委員会等の担当者、校長・教頭などの管理職を対象に自殺予防のための普及啓発協議会を開催しています。また、学校においてはスクールカウンセラーやスクールソーシャルワーカーを配置して、教育相談体制の充実を図っています。

・児童福祉法(昭和22年12月12日　法律164号)

この法律の第1条には「すべて国民は、児童が心身ともに健やかに生まれ、且つ、育成されるよう努めなければならない。」とされており、第2項には「すべて児童は、ひとしくその生活を保障され、愛護されなければならない。」と定められています。また、第2条には「国及び地方公共団体は、児童の保護者とともに、児童を心身ともに健やかに育成する責任を負う。」と定められています。この法律に基づき、さまざまな理由から家庭で暮らすことのできない児童等への施設（児童養護施設、乳児院、母子生活支援施設等）での対応や保育所における保育、障害児に対する在宅・施設での対応等が実施されています。関連法として少子化の進行、児童虐待などの新たな課題に対応するため、「次世代育成支援対策推進法」や「児童虐待防止法」があります。

・児童手当法（昭和46年5月27日　法律73号）

　この法律の第1条において、子ども・子育て支援法を適切に実施するために、父母その他の保護者が子育てについての第一義的責任を有するという基本的認識の下に、児童を養育している者に児童手当を支給することにより、家庭等における生活の安定に寄与するとともに、次代の社会を担う児童の健やかな成長に資することを目的とすると定められています。

・児童扶養手当法（昭和36年２月29日　法律238号）

この法律の第１条において、父又は母と生計を同じくしていない児童が育成される家庭の生活の安定と自立の促進に寄与するため、当該児童について児童扶養手当を支給し、もって児童の福祉の増進を図ることを目的とすると定められています。

・インターネット異性紹介事業を利用して児童を誘引する行為の規制等に関する法律
（平成15年６月13日　法律第83号）

この法律は、インターネット異性紹介事業を利用して児童を性交等の相手方となるように誘引する行為等を禁止するとともに、児童買春その他の犯罪から児童を保護することを目的としています。（第１条）

・少年法（昭和23．７．15　法律168）

この法律は、非行のある少年に対して性格の矯正及び環境の調整に関する保護処分を行うとともに、少年の刑事事件について特別の措置を講ずることを目的としています。（第１条）なおこの法律では少年を20歳未満としています。

・未成年者飲酒禁止法（大正11．３．30　法律20）

満20歳未満の者の飲酒を禁止しています。未成年者の飲酒を防止するために関係業界に販売管理の徹底を図るための所要の措置を講じています。また関係省庁の広報啓発活動を行っています。関連法としては「アルコール健康障害対策基本法」があります。

・未成年者喫煙禁止法（明治33．３．７　法律33）

満20歳未満の者の喫煙を禁止しています。販売等の観点から、「たばこ事業法」により自動販売機を設置する場合は成人識別自動販売機とすること。インターネットによる販売については購入希望者の年齢識別が適切に講じられることとなっています。

・子ども・若者育成支援推進法
（平成27年９月11日　法律第66号）

この法律は、第1条に規定されているように、急速な少子化の進行と家庭及び地域を取り巻く環境の変化から、児童福祉法その他の子どもに関する法律による施策とともに、子ども・子育て支援給付その他の子ども及び子どもを養育している者に必要な支援を行い、子どもが健やかに成長することができる社会の寄与することを目的としています。

参考資料

(1) 公益社団法人日本PTA全国協議会定款

第1章　総　則

（名　称）

第1条　この法人は、公益社団法人日本PTA全国協議会と称する。

（事務所）

第2条　この法人は、事務所を東京都港区に置く。

第2章　目的及び事業

（目　的）

第3条　この法人は、教育を本旨とし、特定の政党や宗教に偏ることなく、小学校及び中学校におけるPTA活動を通して、わが国における社会教育、家庭教育の充実に努めるとともに、家庭、学校、地域の連携を深め、児童・生徒の健全育成と福祉の増進を図り、もって社会の発展に寄与することを目的とする。

（事　業）

第4条　この法人は、前条の目的を達成するため、教育を本旨とする民主的団体として、目的を同じくする他の団体及び機関の活動に協力することを基本方針とし、次の事業を行う。

(1)　社会教育、家庭教育及びPTA活動の資質向上に資する研究大会、講演会、研修会等の開催及び調査研究

(2)　青少年の健全育成及び福祉増進に資する情報資料の収集及び提供、広報活動

(3)　青少年の国内交流及び国際交流

(4)　機関紙並びに社会教育、家庭教育及びPTA活動に関する図書・資料の刊行

(5)　この法人の目的に沿い顕著な業績を上げたPTAその他の団体及び個人の顕彰

⑹　教育関係の支援を必要とする子どもたちのための助成
⑺　その他この法人の目的を達成するために必要な事業
2　前項の事業は、日本全国において行う。

第3章　会　員

（会員の種別）
第5条　この法人の会員は、次のとおりとし、このうち正会員をもって一般社団法人及び一般財団法人に関する法律（以下「一般社団・財団法人法」という。）上の社員とする。
⑴　正会員
　この法人の目的に賛同して、入会した各都道府県及び政令指定都市に設けられたPTA協議会又は連合会（以下「地方協議会」という。）
⑵　賛助会員
　この法人の事業の趣旨に賛同し、主として経済的及び組織運営上の協力援助を目的とした個人、法人、又は団体。なお、賛助会員は正会員が有する権利義務を持たない。
⑶　特別会員
　この法人の役員経験者又は学識経験者。なお、特別会員には、任期を定め正会員が有する権利義務を持たない。
2　前項第1号の正会員の総会における権利については、当該地方協議会代表者が、これを行使する。
3　地方協議会代表者は、所属地方協議会会員の中から予め指名した者に総会における議決権を行使させることができる。
（入　会）
第6条　会員になろうとするものは、「入会申込書」をこの法人の会長に提出し、理事会の承認を受けなければならない。
（会　費）
第7条　正会員は、総会において別に定めるところにより、会費を納入しなければならない。
2　賛助会員は、総会において別に定めるところにより、賛助会費を納入しなければならない。
3　特別会員は、会費を納入する義務を負わない。

4　既納の会費は、原則として返還しない。

（資格の喪失）

第８条　会員は、次の事由によって、その資格を喪失する。

⑴　退会したとき

⑵　成年被後見人、被保佐人、被補助人、破産の宣告を受けたとき

⑶　死亡し、若しくは失踪宣告を受け、又は会員である団体が解散したとき

⑷　除名されたとき

（退　会）

第９条　会員が退会しようとするときは、理由を付した「退会届」を、この法人の会長に提出しなければならない。

（除　名）

第10条　会員が次の各号の一に該当するときは、総会において総正会員の半数以上であって、総正会員の議決権の３分の２以上の多数に当たる決議により、これを除名することができる。この場合において、当該会員に対し当該総会の日から一週間前までにその旨を通知し、かつ、総会において弁明する機会を与えなければならない。

⑴　この法人の名誉を傷つけ、又はこの法人の目的に違反する行為があったとき

⑵　この法人の会員としての義務に違反したとき

⑶　正会員及び賛助会員について、会費を１年以上滞納したとき

⑷　その他除名すべき正当な事由があるとき

2　前項により会員を除名した場合は、除名した会員に対しその旨を通知しなければならない。

第４章　役　員

（役員の種類及び定数）

第11条　この法人に、次の役員を置く。

⑴　理事　11名以上15名以内

⑵　監事　３名以内

2　理事のうち１名を会長、４名以内を副会長、１名を専務理事、１名を常務理事とする。

3　前項の会長をもって一般社団・財団法人法上の代表理事とし、副会長、専務理事、常務理事、その他理事会でこの法人の業務を執行する理事として選定されたものをもって同法第91条第1項第2号の業務執行理事(以下「業務執行理事」という。)とする。

4　この法人の役員は、正会員における代表者又は特別会員でなければならない。ただし、監事はこの限りではない。

(役員の選任及び資格)

第12条　この法人の理事及び監事は、総会の決議によって選任する。

2　会長、副会長、専務理事、常務理事、その他の業務執行理事を、理事会の決議によって理事の中から選定する。この場合において、理事会は、総会にこれを付議した上で、その決議の結果を参考にすることができる。

3　監事は、この法人の理事又は使用人を兼務してはならない。

(役員の任期)

第13条　理事の任期は、選任後2年以内に終了する事業年度のうち最終のものに関する定時総会の終結の時までとする。

2　監事の任期は、選任後2年以内に終了する事業年度のうち最終のものに関する定時総会の終結の時までとする。

3　補欠として選任された理事又は監事の任期は、前任者の任期の終了する時までとする。

4　増員した理事の任期は、他の理事の残任期間と同一とする。

5　理事又は監事は、第11条に定める定数に不足が出るときは、任期の満了又は辞任により退任した後も、新たに選任された者が就任するまで、なお理事又は監事としての権利義務を有する。

(役員の解任)

第14条　役員は、総会において総正会員の半数以上であって、総正会員の議決権の3分の2以上の多数に当たる決議により、これを解任することができる。

(理事の職務権限)

第15条　理事は、理事会を構成し、本定款の定めるところにより、この法人の職務を執行する。

2　会長は、この法人を代表し、その業務を執行する。

3　副会長は、会長を補佐し、この法人の業務を執行する。

4　専務理事は、会長及び副会長を補佐し、理事会の決議に基づき、総会の決議した事項及び日常の会務を統括する。

5　常務理事は、会長の指示を受けて会務を処理する。

6　理事は、定款並びに総会及び理事会の決議を遵守し、この法人のために忠実にその職務を遂行しなければならない。

7　会長、副会長、専務理事、常務理事、その他の業務執行理事は、3ヶ月に1回以上、自己の職務の執行状況を理事会に報告しなければならない。

（監事の職務権限）

第16条　監事は、理事の職務の執行を監査し、法令で定めるところにより、監査報告を作成する。

2　監事は、いつでも理事及び使用人に対して事業の報告を求め、この法人の業務及び財産の状況の調査をすることができる。

（監事の理事会への報告義務）

第17条　監事は、理事が不正の行為をし、若しくは当該行為をするおそれがあると認められるとき、又は法令若しくは定款に違反する事実若しくは著しく不当な事実があると認めるときは、遅滞なく、その旨を理事会に報告しなければならない。

（監事の理事会への出席義務等）

第18条　監事は、理事会に出席し、必要があると認めるときは、意見を述べなければならない。

2　監事は、前条に規定する場合において、必要があると認めるときは、会長に対し、理事会の招集を請求することができる。

3　前項の規定による請求があった日から5日以内に、その請求があった日から2週間以内の日を理事会の日とする理事会の招集通知が発せられない場合は、その請求をした監事は、理事会を招集することができる。

（監事の総会に対する報告義務）

第19条　監事は、理事が総会に提出しようとする議案、書類、電磁的記録その他の資料を調査しなければならない。この場合において、法令若しくは定款に違反し、又は著しく不当な事項があると認めるときは、その調査の結果を総会に報告しなければならない。

（監事による理事の行為の差し止め）

第20条　監事は、理事がこの法人の目的の範囲外の行為その他法令若しくは定款に違反する行為をし、又はこれらの行為をするおそれがある場合において、当該行為によってこの法人に著しい損害が生ずるおそれがあるときは、当該理事に対し、当該行為をやめることを請求することができる。

（役員の報酬等）

第21条　理事は、無報酬とする。ただし、常勤の理事に対しては、総会において定める総額の範囲内において、支給することができる。

2　監事においては、総会において定める総額の範囲内において報酬を支給することができる。

第５章　顧問、相談役及び参与

（顧問、相談役及び参与）

第22条　この法人に顧問、相談役及び参与を置くことができる。

2　顧問、相談役及び参与は、理事会の承認を経て、会長が委嘱する。

3　顧問は、この法人の会長経験者を資格要件とし、会長の諮問に応じる。

4　相談役は、有識者を資格要件とし、会務について、会長の諮問に応じる。

5　参与は、この法人の賛助会員又は特別会員を資格要件とし、関係府省庁等の会議体の委員等を担うとともに、会長の諮問に応じる。なお、法人又は団体である賛助会員は、当該法人又は団体の代表者であることを資格要件とする。

6　顧問、相談役及び参与の任期は１年とする。ただし、必要に応じて会長より再任を要請することができる。

7　顧問、相談役及び参与は無報酬とする。

第６章　総　会

（総会の構成）

第23条　この法人の総会は、正会員をもって構成する。

（総会の種類）

第24条　この法人の総会は、定時総会、臨時総会の２種類とする。

2　前項の定時総会及び臨時総会をもって、一般社団・財団法人法上の社員総会とする。

（総会の開催）

第25条　定時総会は、毎年度６月に１回開催する。

2　臨時総会は、理事会が必要である旨決議した場合に開催する。

3　総正会員の５分の１以上の議決権を有する正会員は、会議に付すべき事項及び招集の理由を示して、総会の招集を会長に請求することができる。

（総会の招集）

第26条　総会は、理事会の決議に基づき会長が招集する。ただしすべての正会員の同意がある場合には、その招集手続きを省略することができる。

2　会長は、前条第３項に規定する場合にあっては、遅滞なくその請求のあった日から30日以内の日を開催日とする臨時総会を招集しなければならない。

3　総会の招集は少なくとも会日の１週間前までに正会員に対して、総会の目的たる事項並びに日時及び場所につき、その通知を発しなければならない。なお、目的である事項が役員等の選任、役員の報酬、事業の全部の譲渡、定款の変更、合併のいずれかであるときは、その議案の概要（確定していない場合はその旨）についても通知しなければならない。

4　会長は、予め正会員の承諾を得たときは、当該正会員に対し、前項の書面による通知の発出に代えて、電磁的方法により通知を発することができる。

（総会の議長）

第27条　総会の議長は、その総会において、出席正会員の互選により定める。

（総会の定足数）

第28条　総会の定足数は、総正会員数の過半数の出席とする。

（総会の議決）

第29条　総会の議決は、一般社団・財団法人法第49条第２項に規定する事項を除き、出席正会員の有する議決権の過半数をもって決する。

（議決権）

第30条　正会員はそれぞれ各１個の議決権を有する。

2　総会に出席しない正会員は、あらかじめ通知された事項について、他の正会員を代理人として議決権を行使することができる。この場合において、前2条の規定の適用については、出席したものとみなす。

（総会の決議事項）

第31条　次の事項は、総会の決議を経なければならない。

⑴　定款の変更

⑵　貸借対照表、正味財産増減計算書及びこれらの附属明細書並びに財産目録の承認

⑶　役員の選任及び解任

⑷　会費の額の決定及び変更

⑸　会員の除名

⑹　この法人の解散及び残余財産処分

⑺　会員の資格に関する規程の決定、変更及び廃止

⑻　借入金並びに重要な財産（基本財産を含む）の処分及び譲受け

⑼　役員の報酬に関する規程

⑽　合併、事業の全部又は一部の譲渡又は公益目的事業の全部の廃止

⑾　公益認定取消しに伴う公益目的取得財産残額の贈与

（総会の決定事項の通知）

第32条　会長は、総会終了後遅滞なくその議事の経過の要領及びその結果を正会員に書面又は電磁的方法で通知しなければならない。

（総会の議事録）

第33条　総会の議事については、法令で定めるところにより、議事録を作成する。

2　議事録には、議長及び出席した正会員のうちからその会議において選任された議事録署名人2人が署名又は記名押印しなければならない。

3　議事録は、総会の日から10年間、この法人の主たる事務所に備え置かなければならない。

第7章　理事会

（理事会の構成）

第34条　この法人に理事会を置く。

2　理事会は、全ての理事をもって構成する。

（理事会の種類）
第35条　この法人の理事会は、定例理事会及び臨時理事会の2種類とする。
（理事会の開催）
第36条　定例理事会は、3ヶ月に1回開催する。
2　臨時理事会は、次の各号の一に該当する場合に開催する。
(1)　会長が必要と認めたとき
(2)　会長以外の理事から会議に付議すべき事項を示して理事会の招集を請求されたとき
(3)　第18条第2項又は第3項に定めるとき
（理事会の招集）
第37条　理事会は、本定款に別に定める場合のほか、会長が招集する。
2　前条第2項第2号による請求があった場合、会長はその請求があった日から14日以内に理事会を開催する通知を、その請求があった日から5日以内に発しなければならない。
3　理事会を招集する者は、理事会の1週間前までに、各理事、各監事に対し通知を発しなければならない。
4　前項の規定にかかわらず、理事会は、理事及び監事の全員の同意のあるときは、招集の手続を経ることなく開催することができる。
（理事会の議長）
第38条　理事会の議長は、その理事会において、会長又は副会長のうちから互選によりこれを定める。
（理事会の定足数）
第39条　理事会の定足数は、決議について特別の利害関係を有する理事を除く理事の過半数の出席とする。
（理事会の決議）
第40条　理事会の決議は、本定款に別段の定めがある場合を除き、出席理事の過半数をもって決する。
2　前項の規定にかかわらず、理事が理事会の決議の目的である事項について提案した場合において、理事（当該事項について議決に加わることができる者に限る。）の全員が当該提案について書面又は電磁的記録により同意の意思表示をしたときは、その提案を可決する理事会の決議があったものとみなす。ただし、監事がその提案に異議を述べたときはその限りでない。

（理事会の権限）

第41条　理事会は、本定款に別に定めるもののほか、次の各号の職務を行う。

⑴　総会の決議した事項の執行に関すること

⑵　総会の日時及び場所並びに議事に付すべき事項の決定

⑶　本定款で総会で定めるべきものとされている以外の規程及び細則の制定、並びに変更及び廃止に関する事項

⑷　他の団体への加入脱退及び出資に関する事項

⑸　理事の職務の執行の監督

⑹　代表理事及び業務執行理事の選定及び解職

⑺　事務局長の選任及び解任

⑻　前各号に定めるもののほか、この法人の業務執行の決定

2　理事会は、次に掲げる事項その他重要な業務執行の決定を理事に委任することはできない。

⑴　従たる事務所その他重要な組織の設置、変更及び廃止

⑵　内部管理体制の整備（理事の職務の執行が法令及び定款に適合することを確保するための体制その他この法人の業務の適正を確保するために必要な法令で定める体制の整備）

（報告の省略）

第42条　理事又は監事が理事及び監事の全員に対し、理事会に報告すべき事項を通知した場合においては、その事項を理事会に報告することを要しない。

2　前項の規定は、第15条第７項の規定による報告には適用しない。

（議事録）

第43条　理事会の議事については、法令の定めるところにより議事録を作成し、代表理事及び監事はこれに署名又は記名押印しなければならない。

第８章　三役会

（三役会）

第44条　この法人に会長、副会長、専務理事、常務理事を持って構成する三役会を置く。三役会は、必要に応じて理事、監事等に出席を依頼することができる。

（三役会の役割）
第45条　三役会は理事会で決議した業務執行を行う為に必要な意見交換等を行うとともに、効果的な理事会運営のために理事会に提案する議題等について検討する。
（三役会の開催）
第46条　三役会は会長が招集し、定例として月に１度開催する。ただし、会長が必要と認めたときは随時開催することができる。緊急に協議が必要な場合も勘案し、招集に必要な手順については規定しない。
（三役会の進行及び議事録）
第47条　三役会の進行は常務理事が行う。議事録は箇条書きで作成し、理事会に報告する。

第９章　委員会

（委員会の設置）
第48条　この法人はその目的達成、事業遂行のために、理事会の決議により必要な委員会を置くことができる。
2　委員の委嘱及び正・副委員長の選出については、理事会において別に定める。
（委員会の職務等）
第49条　委員会は理事会の命を受け、それぞれの所掌事項について調査研究し、並びにこの法人の主催する各種事業の立案及び実施に協力する。
2　委員会の運営に関する事項は、理事会の決議を経て、別に定める。

第10章　資産および会計

（事業年度）
第50条　この法人の事業年度は、毎年４月１日に始まり、翌年３月31日に終わる。
（資産の構成）
第51条　この法人の資産は次に掲げるものをもって構成する。
⑴　設立当初の財産目録に記載された財産
⑵　会費収入
⑶　資産から生ずる収入

⑷　事業に伴う収入
⑸　寄付金品
⑹　その他の収入

（資産の支弁）
第52条　この法人の事業遂行に要する経費は、資産を持って支弁する。

（会計区分）
第53条　この法人の会計は、理事会の決議により別に定める「経理規程」による。

（事業計画及び収支予算）
第54条　この法人の事業計画書、収支予算書、資金調達及び設備投資の見込みを記載した書類については会長が作成し、毎事業年度開始の日の前日までに理事会の承認を受けなければならず、その後直近に開催される総会において報告するものとする。これを変更する場合も同様とする。
2　前項の書類については、この法人の主たる事務所に当該事業年度が終了するまでの間備え置き、一般の閲覧に供するものとする。

（事業報告及び決算）
第55条　この法人の事業報告及び決算については、毎事業年度終了後、会長が次の書類を作成し、監事の監査を受けた上で、理事会の承認を受けなければならない。
⑴　事業報告
⑵　事業報告の附属明細書
⑶　貸借対照表
⑷　損益計算書（正味財産増減計算書）
⑸　貸借対照表及び損益計算書（正味財産増減計算書）の附属明細書
⑹　財産目録
2　前項の承認を受けた書類は、定時総会に提出し、第1号及び第2号の書類についてはその内容を報告し、その他の書類については承認を受けなければならない。
3　第1項の書類については、毎事業年度の経過後3ヶ月以内に行政庁に提出しなければならない。

（公益目的取得財産残額の算定）
第56条　会長は、公益社団法人及び公益財団法人の認定等に関する法律施行規則第48条の規定に基づき、毎事業年度、当該事業年度の末日における公益目的取得財産残額を算定し、第５８条第２項第５号の書類に記載するものとする。

（会計原則）

第57条　この法人の会計は、一般に公正妥当と認められる会計の慣行に従うものとする。

第11章　管　理

（備え付け帳簿及び書類）

第58条　定款、会員名簿を主たる事務所に備え置き、一般の閲覧に供するものとする。

2　次の書類を主たる事務所に５年間備え置き、一般の閲覧に供するものとする。

(1)　理事及び監事の名簿

(2)　財産目録

(3)　事業報告書及び収支計算書等の計算書類

(4)　監査報告

(5)　運営組織及び事業活動の状況及びこれらに関する数値のうち重要なものを記載した書類

(6)　その他法令で定める帳簿及び書類

（事務局）

第59条　この法人の事務を処理するために事務局を置く。

2　専務理事は、事務局を管理統括する。

3　事務局に関する事項は、理事会の決議を得て、会長が別に定める。

第12章　情報公開及び個人情報の保護

（情報の公開）

第60条　この法人は、公正で開かれた活動を推進するため、その活動状況、運営内容、財務資料等を積極的に公開するものとする。

2　その他、情報公開に関する必要な事項は、理事会の決議により別に定める「情報公開規程」による。

（個人情報の保護）
第61条　この法人は、業務上知り得た個人情報の保護に万全を期するものとする。
2　個人情報の保護に関する必要な事項は、理事会の決議により別に定める「個人情報保護規程」による。
（公　告）
第62条　この法人の公告は、電子公告とする。
2　事故その他やむを得ない事由により、電子公告によることができない場合は、官報に掲載する方法による。

第13章　定款の変更及び解散

（定款の変更）
第63条　この定款は、総会において総正会員の半数以上であって、総正会員の議決権の3分の2以上の多数に当たる決議により変更することができる。
（解　散）
第64条　この法人は、総会において総正会員の半数以上であって、総正会員の議決権の3分の2以上の多数に当たる決議その他法令で定められた事由により解散する。
（公益認定の取消し等に伴う贈与）
第65条　この法人が公益認定の取消しの処分を受けた場合又は合併によりこの法人が消滅する場合（その権利義務を承継する法人が公益法人であるときを除く。）には、総会の決議を経て、公益目的取得財産残額に相当する財産を、当該公益認定の取消しの日又は当該合併の日から1箇月以内に、公益社団法人及び公益財団法人の認定等に関する法律第5条第17号に掲げる法人又は国もしくは地方公共団体に贈与するものとする。
（残余財産の帰属等）
第66条　この法人が清算をする場合において有する残余財産は、総会の決議により、公益社団法人及び公益財団法人の認定等に関する法律第5条第17号に掲げる法人又は国もしくは地方公共団体に贈与するものとする。
2　この法人は、剰余金の分配を行わない。

第14章　雑　則

（委　任）

第67条　この法人は、定款の運用を円滑にするため、本定款に別に定めがあるもののほか、理事会の決議を経て、施行に関する規程等を定める。

附　則

1　この定款は、平成25年４月１日から施行する。

2　この定款は、平成25年６月26日から施行する。

3　この定款は、平成26年４月１日から施行する。

4　この定款は、平成28年５月21日から施行する。

(2) 日本PTAのあゆみと教育年表

	教育年表			日本PTAのあゆみ
		1945年（昭和20）	9.15	文部省、「新日本建設の教育方針」を発表
			11.6	文部省、「社会教育振興に関する件」（訓令）を各都道府県に指示
11.3	日本国憲法公布	1946年（昭和21）	3.31	第一次米国教育使節団報告書に成人教育（PTA）の必要性が記載
			12月	文部省、各都道府県社会教育所管課長会議において、PTAの趣旨説明及びその積極的普及を奨励
1月	学校給食始まる	1947年（昭和22）	3.5	文部省、都道府県知事あてに「父母と先生の会－教育民主化の手引－」を送付
3.31	教育基本法・学校教育法公布			
4月	六三三制実施			
7.15	教育委員会法公布	1948年（昭和23）	9.16	NHK、PTAの放送を開始
			10.19	文部省において「父母と先生の会委員会」結成
1.12	教育公務員特例法公布	1949年（昭和24）	6.10	社会教育法公布
6.10	社会教育法公布		7.5	文部省設置法に基づき「社会教育審議会」の「父母と先生の会委員会」は「社会教育審議会父母と先生の会分科審議会」と改称
12.15	私立学校法公布			
4.30	図書館法成立	1950年（昭和25）	2.1～4	第１回全国PTA研究協議会開催（東京神田・共立女子大学）
			9.22	第二次アメリカ教育視察団報告書において「父母と先生の会」（PTA）が成人教育において特に奨励される
5.5	児童憲章制定	1951年（昭和26）		
7月	ユネスコに加入			
12.1	博物館法成立			

8.8	義務教育国庫負担法公布	1952年（昭和27）	10.14～16	日本父母と先生の会全国協議会結成大会を東京において開催（第１回総会）－日本PTA発足－
6月	中央教育審議会設置			
7.25	中央教育審議会「義務教育に関する答申（第１回答申）」	1953年（昭和28）	4.25～27	フィリピン（マニラ）におけるPTA世界会議に日本PTA会長が参加
8.8	学校図書館法公布		8.29～31	第１回全国PTA大会開催（三重県宇治山田市）
	中央教育審議会「社会教育の改善に関する答申」		12.25	機関紙「日本PTA」を創刊
1.18	中央教育審議会「教員の政治的中立性維持に関する答申」	1954年（昭和29）	3月	小学校PTA参考規約を全国に配布
8.23	中央教育審議会「義務教育学校教員給与に関する答申」		5.15～16	第２回全国PTA大会開催（富山県富山市）
12月	中央教育審議会「特殊教育ならびにへき地教育振興に関する答申」		8.25～26	日本PTA全国協議会第３回年次総会（東京芝児童館）において会の名称を「日本PTA協議会」に改称
9.12	中央教育審議会「私立学校教育の振興についての答申」	1955年（昭和30）	5.19	「児童の災害補償」について衆議院文教委員会に要望
12.5	中央教育審議会「教科書制度の改善に関する答申」		11.29	第３回全国PTA大会開催（静岡県熱海市）※優良PTAに対し、文部大臣の表彰を行う
11月	中央教育審議会「公立小・中学校の統合方策についての答申」	1956年（昭和31）	4月	日本PTA代表、全米PTA大会に出席
			10.14～21	PTA週間実施
			11.27～28	第４回全国PTA大会開催（奈良県奈良市）
		1957年（昭和32）	8.26～27	日本PTA第６回年次総会で会の名称を日本PTA全国協議会に改称
			9.18～19	全国PTA指導者講習会（文部省主催）開催（東京都）

			11.16～17	第５回全国PTA大会開催（愛媛県松山市）
4月	中央教育審議会「勤労青少年教育の振興方策について（答申）」	1958年（昭和33）	3.16	全日本教育父母会結成
7月	中央教育審議会「教員養成制度の改善方策について（答申）」		7.26～27	第６回PTA全国大会開催（北海道札幌市）
3月	中央教育審議会「育英奨学および援護に関する事業の振興方策について（答申）」	1959年（昭和34）	10.25～26	第７回全国PTA大会開催（山口県宇部市）
12月	中央教育審議会「特殊教育の充実振興についての答申」			
		1960年（昭和35）	6.9～10	第８回日本PTA大会開催（福岡県福岡市）
2月	小学校児童・中学校生徒指導要録の通達	1961年（昭和36）	2.24～25	日本PTA第１回成人教育全国研究大会開催（宮城県鳴子町）
10月	中学区生徒学力調査		5.24～25	第１回児童生徒愛護活動全国研究大会開催（兵庫県明石市）
			9.15～16	第９回日本PTA全国大会開催（新潟県新潟市）
11月	文部省、少年指導要綱を発表	1962年（昭和37）	5月	日本PTA関東ブロック会議開催
			11.18～19	第10回日本PTA大会開催（神奈川県平塚市）
			12.28	財団法人全国PTA協会設立
12月	義務教育教科書無償配布法成立	1963年（昭和38）	10.24～25	第11回日本PTA全国大会開催（岡山県岡山市）
		1964年（昭和39）	8.18～19	第12回日本PTA全国大会開催（東京都）
		1965年（昭和40）	5.4～21	日本PTA全国協議会、文部省後援によりアメリカ、カナダにPTA交換視察団を派遣
			11.28	「のぞましいPTA像をもとめて」編集
			11.28～29	第13回日本PTA全国大会開催（東京都）

10月	中央教育審議会「後期中等教育の拡充整備について（答申）」	1966年（昭和41）	5.7～28	欧州PTA交換視察実施
			11.15	第14回全国PTA研究大会開催（静岡県熱海市）
			12月	学校給食用小麦の補助、教科書無償給与の完全実施について文部省に陳述書を提出
6.23	社会教育審議会「父母と先生の会のあり方について（答申）」	1967年（昭和42）	8.7	日教組休暇闘争について要望書を文部省、組合委員長に提出
			8.9	表彰式典挙行（東京都千代田区東南ホール）
			8.22～23	第15回全国PTA研究大会開催（長野県長野市）
7月	小学校新学習指導要領告示	1968年（昭和43）	5.27	日本PTA創立20周年記念式典開催（国立教育会館）
			8.8	第16回全国PTA研究大会開催（福島県福島市）
4月	中学校新学習指導要領告示	1969年（昭和44）	2月	日P月報第１号発行
			5.31	「わたしたちのPTA」初版発行
			8.7～8	第17回全国PTA研究大会開催（他起動札幌市）
			10.27～28	第１回東北北海道幹部研修会開催（宮城県仙台市）
			11.8～9	中国・四国ブロック幹部研修会開催（高知県）
			12.5～6	九州地区ブロック研修会開催（福岡県小倉市）
		1970年（昭和45）	2.7～8	近畿ブロック幹部研修会開催（滋賀県大津市）
			10.16～17	東海北陸地区PTAブロック研修会開催（石川県金沢市）
			11.17～18	第18回全国PTA研究大会開催（鹿児島県鹿児島市）
4.30	社会教育審議会「急激な社会構造の変化に対処する社会教育のあり方について（答申）」	1971年（昭和46）	1.28～29	中国四国ブロック研修会開催（和歌山県白浜）
			8.19～20	第19回全国PTA研究大会開催（石川県金沢市）

			11.1	北海道ブロック研修会開催（札幌市）
			12.9	四国ブロック研修会開催（香川県高松市）
		1972年（昭和47）	1.9	近畿ブロック研修会開催（大阪市）
			2.8	中国ブロック研修会開催（広島県）
			5.31	PTA資料「PTAの新しい使命」発刊
			8.18	「PTAのうた」作成（レコード2,000枚）
			8.24～25	第20回全国PTA研究大会開催（東京都・武道館）
		1973年（昭和48）	8.24～25	第21回全国PTA研究大会開催（栃木県宇都宮市）
			10.27	日本PTA創立25周年記念式典開催（東京都・九段会館）※常陸宮御夫妻ご臨席
2月	教員人材確保法成立	1974年（昭和49）	8.23～24	第22回全国PTA研究大会開催（福岡県北九州市）
			8.29	49年度表彰式開催（東京都・虎の門久保講堂）
			9.4	学校給食用小麦、牛乳価格の再値上げについて、文部省に要望書を提出
			10.9	へき地教育への予算要望を文部省及び関係団体に陳情する
7月	私学振興助成法成立	1975年（昭和50）	7.10	母親リーダー研修会開催（東京都・私学会館）
10月	小・中・高校に主任制決（学校教育法施行規則の一部かいｓ		8.22～23	第23回全国PTA研究大会開催（香川県高松市）
			8.27	50年度表彰式開催（東京都・久保講堂）
			12.6	日教組の全国統一スト対策について、文部省、日教組委員長に要望書を提出
		1976年（昭和51）	4.10	PTA資料「PTA活動のために」発刊

			8.20	第24回全国PTA研究大会開催（岩手県盛岡市）
			10.21	51年度表彰式開催（東京都・久保講堂）
5月	大学入試センター設置	1977年（昭和52）	7.11	子どもの生活環境整備について総理大臣へ陳情
7月	小中学校新学習指導要領告示		8.26～27	第25回全国PTA研究大会開催（北海道札幌市）
6.16	中央教育審議会「教員の資質能力の向上について（答申）」	1978年（昭和53）	2.23～3.4	第１回PTA海外教育事情視察（アメリカ）
8.30	高等学校新学習指導要領告示		5.10	「日本PTA30年の歩み－子供達の未来のために－」作成
			5.13	日本PTA創立30周年記念式典開催（東京都・国立教育会館）
			7.18	テレビ俗悪番組「ワースト５」に関し、関係放送各社に番組自粛の申し入れ
			8.2	テレビ俗悪番組「ワースト５」について、テレビ局スポンサー27社へ申し入れ
			8.7～8	第26回全国PTA研究大会開催（山口県山口市）
			11.6	昭和53年度優良PTA表彰開催（東京都・椿山荘）
			11.10～19	PTA海外教育事情視察団派遣（ヨーロッパ）
			11.13～22	PTA海外教育事情視察団派遣（アメリカ）
			11.15	「PTA年鑑」作成
6.8	中央教育審議会「地域社会と文化について（答申）」	1979年（昭和54）	3.10	PTA資料「より良いPTA活動を求めて」作成
			5.10～16	日米PTA大会（アメリカミルオーキー）に役員派遣
			7.22	第１回PTA広報紙コンクール表彰式開催
			8.3～4	第27回日本PTA全国大会開催（福井県福井市）

			8.31	PTA意識調査（父母向け教育情報資料作成事業）開始
			10.30	日米PTA懇談会開催（東京・国立教育会館）
			11.4〜13	PTA海外教育事情視察団派遣（アメリカ）
			11.5〜14	PTA海外教育事情視察団派遣（ヨーロッパ）
			11.21	昭和54年度優良PTA表彰式開催（東京都・椿山荘）
			12.7	衆・参議院議長宛に有害図書販売の児童販売機撤去について、請願書を提出
2.29	文部省指導要録改訂（到達度評価導入）	1980年（昭和55）	4.1	PTA資料「日本PTAの輪の中に」、「PTA調査」作成
			4.9	国鉄スト期間中の修学旅行列車の運行要望について、修学旅行協会と連名で国鉄総裁他関係者に要望書を提出
			4.14	自動販売機の悪害追放請願について、衆議院議長、自民党政調会長に陳情
			5.14	日米教育長等交流事業訪米団に日P 4 名参加
			6.15〜18	全米PTA大会（ハワイ）に役員派遣
			8.21〜22	第28回日本PTA全国大会開催（大分県大分市）
				第 2 回広報紙コンクール表彰式開催
			10.16	日米教育長等PTA懇談会開催（東京・国立教育会館）
			11.8〜17	PTA海外教育事情視察団派遣（アメリカ班、ヨーロッパ班）
			11.21	昭和55年度優良PTA表彰式開催（東京・椿山荘）
			12.26	教科書無償制度維持について、文部省、自民党本部へ陳情

4.27	中学社会科公民的分野の教科書全面改訂	1981年（昭和56）	1.27	「教員の週休二日制実施について」の決議文を文部大臣、人事院局長に提出
6.11	中央教育審議会「生涯教育について（答申）」		3.18	第２次PTA調査「父母向教育情報資料」作成
7月	放送大学学園設立		4.4	資料「80年代のPTA」作成
			5.11～26	日米教育長等交流訪米団に日Ｐ４名参加
			6.16	「教科書無償制度存続維持について」陳情書、表明書を自民党文教制度調査会長、同文教部会長、文部大臣に送付
			8.26～27	第29回日本PTA全国研究大会開催（和歌山県和歌山市）
			10.22～31	PTA海外教育事情視察団派遣（アメリカ班、ヨーロッパ班）
			11.20	昭和56年度優良PTA表彰式挙行（東京・ホテルニューオータニ）
		1982年（昭和57）	3.25	第二次調査統計資料作成
			4.8	資料「80年代のPTA像」（総集編）作成
			5.13	日米教育等交流事業訪米団に日Ｐ４名参加
			5.14	「少年と非行パンフレット」各地方協議会へ配布
			8.25～26	第30回日本PTA全国研究大会開催（東京都）
			10.17～26	PTA海外教育事情視察団派遣（アメリカ）
			10.19～28	PTA海外教育事情視察団（ヨーロッパ）
			11.19	昭和57年度優良PTA表彰式挙行（ホテルニューオータニ）
6.30	文部省、高校の校内暴力の全国調査結果報告	1983年（昭和58）	1.8	父母向け資料（リーフレット）作成
	中央教育審議会「教科書の在り方について（答申）」		3.25	資料「PTA活動事例集」作成

8.8	臨時教育審議会設置法成立		4.5	校内暴力等非行克服についての要望書を関係省庁へ送付
			6.20	小・中学校長、PTA会長教育懇談会開催（東京）
			8.29～30	第31回日本PTA全国研究大会開催（徳島県徳島市）
			10.22～11.4	PTA海外教育事情視察団派遣（ヨーロッパ）
			10.24～11.6	PTA海外教育事情視察団派遣（アメリカ）
			11.11	日本PTA創立35周年記念式典挙行（東京・ホテルニューオータニ）皇太子同妃両殿下ご臨席
		1984年（昭和59）	1.10	PTAハンドブック「PTAのすすめ」作成
			3.25	指導事例集「非行・問題行動について」「PTA基本調査」を作成
			8.25～26	第32回日本PTA全国研究大会開催（青森県）
			10.23～11.3	PTA全国研究大会開催（アメリカ・カナダ）
			10.28～11.8	PTA全国研究大会開催（ヨーロッパ）
			11.16	昭和59年度優良PTA表彰式挙行（東京・椿山荘）
9月	文部省、日の丸掲揚、君が代斉唱を通達	1985年（昭和60）	3.10	日P機関紙「日本PTA」記念特集号（200号）発行
9月	教育課程審議会発足		3.30	実践事例集「子どもの生き方をどう手助けするか」作成
			6.14	全米PTA大会に役員派遣
			6.26	社団法人日本PTA全国協議会設立許可書を文部省で受領(8.8法務省より「登記簿謄本」受領)
			8.29～30	第33回日本PTA全国研究大会開催（横浜市）

			10.28 ～11.4	PTA海外教育事情視察団派遣（ヨーロッパ）
			10.29 ～11.9	PTA海外教育事情視察団派遣（アメリカ・カナダ）
12月	文部省、いじめの全国調査結果報告	1986年 （昭和61）	3.17	「薬物に関する国際会議」（アメリカ）に日本PTAから母親委員派遣
			3.26	第1回日中友好「少年少女の翼」中学2年生58名派遣
			3.30	PTA実践事例集II「父親の参加を促進させたPTA活動」作成
			8.21	「優秀広報紙集」（第1集）発刊
			8.22 ～23	第34回日本PTA全国研究大会開催（北海道旭川市）
			10.21 ～11.1	PTA海外教育事情視察団派遣（ヨーロッパ）
			10.30 ～11.10	PTA海外教育事情視察団派遣（アメリカ・カナダ）
			11.12	日本PTA第三次提言「学歴社会の弊害是正」を臨教審と文部省に提出
			11.13	昭和61年度優良PTA表彰式挙行（東京・椿山荘）
			12.12	「テレビ番組向上に関する要望書」を衆・参文教委員、逓信委員に提出
8.7	臨時教育審議会「教育改革に関する第4次答申」	1987年 （昭和62）	2.12	警察庁長官に対し、「暴力団抗争に対する日本PTAの申し入れ書」を提出
			3.11	PTAハンドブック「わたしたちのPTA」発刊
			3.25	第2回日中友好「少年少女の翼」116名を派遣
			3.28	PTA実践事例集III「家庭の教育力を高めるためのPTA活動」作成
			6.8	「月間PTA」創刊

			8.21 ～22	第35回日本PTA全国研究大会開催（広島県）
			9.17	学習塾を考える全国PTAの集い開催（東京・国立教育会館）
			10.8 ～18	PTA海外教育事情視察団派遣（アメリカ）
			11.13	昭和62年度優良PTA表彰式挙行（東京・プリンスホテル）
		1988年 （昭和63）	3.27	第３回日中友好「少年少女の翼」116名派遣
				PTA実践事例集Ⅳ「父母と教師の協力を強めるPTA活動」作成
			8.25 ～26	第36回日本PTA全国研究大会開催（岐阜県）
			10.24	PTA海外教育事情視察団派遣（ヨーロッパ）
			11.16	日本PTA創立40周年記念式典挙行（東京・ホテルニューオータニ）皇太子殿下のご名代として徳仁親王殿下ご臨席
2月	文部省、学習指導要領案で日の丸・君が代の義務づけ	1989年 （平成１）	3.27 ～31	第４回日中友好「少年少女の翼」派遣
			3.30	PTA実践事例集Ⅴ「子どもの生きがいを育むPTA活動」作成
			7.10	第11回全国小・中学校PTA広報紙コンクール表彰式開催
			8.24 ～25	第37回日本PTA全国研究大会開催（沖縄県）
			8.25	「親と教師の教育観と子どもの心と行動の問題」に関する調査報告書作成
			11.5	平成元年度優良PTA表彰式挙行（東京・プリンスホテル）
1.30	中央教育審議会「生涯学習の基盤整備について（答申）」	1990年 （平成２）	3.26 ～30	日韓友好「少年少女の翼」派遣

4月	日の丸・君が代を高校で義務化		3.30	PTA実践事例集Ⅵ「子どもの心を育むPTA活動」作成
6.29	生涯学習の振興のための施策の推進体制等の整備に関する法律（成立）		8.20	「子供の学校外活動の充実」に関する調査報告書作成
			8.24〜25	第38回日本PTA全国研究大会開催（大阪府）
			10.29〜11.19	PTA海外教育事情視察団派遣
			11.19	平成２年度優良PTA表彰式挙行（東京・ベイヒルトンホテル）
4.19	中央教育審議会「新しい時代に対応する教育の諸制度の改革について（答申）」	1991年（平成３）	3.25〜29	日韓友好「少年少女の翼」派遣
			3.30	PTA実践事例集Ⅶ「子どもとともに豊かな学校外での活動を」作成
			6.9〜13	「子ども国際レインボー便」贈呈式　役員４名訪中
			8.22〜23	第39回日本PTA全国研究大会開催（高知県）
			8.30	学校外活動の充実方策に関する調査報告書作成
			11.4	「PTA国際シンポジウム」開催（大分県別府市）
			11.18	平成３年度優良PTA表彰式挙行（東京・ホテルニューオータニ）
7.29	生涯学習審議会「今後の社会の動向に対応した生涯学習の振興方策について（答申）」	1992年（平成４）	3.27〜31	日中友好「少年少女の翼」派遣
			3.30	PTA実践事例集Ⅷ「地域に根ざした校外活動を」作成
9月	学校の週休二日制（第二土曜日）はじまる		4.24〜29	「子ども国際レインボー便」贈呈式　訪中
			8.20〜21	第40回日本PTA全国研究大会開催（群馬県）
			8.21	学校外活動の条件づくりに関する調査報告書作成
			11.2	「PTA国際シンポジウム」開催（宮城県仙台市）

			11.5	「子どもの個に応じた多様な教育推進を図る教職員の配置について」大蔵省、自民党に要望
			11.18	平成４年度優良PTA表彰式挙行（東京・ホテルニューオータニ）
		1993年 （平成５）	3.27 ～31	日中友好「少年少女の翼」派遣
			3.30	PTA実践事例集Ⅸ「みんなで参画、生きいき学校外活動を」作成
			3.30	「子ども国際レインボー便」贈呈式　訪中
			8.20 ～21	第41回日本PTA全国研究大会開催（山形県）
			8.20	学校週５日制（学校外活動）の実施に関する調査報告書作成
			10.28	学校給食用米穀牛乳等に対する助成について、文部省、農林省、大蔵省に陳情
			11.18	日本PA創立45周年記念式典挙行（東京・ホテルニューオータニ）秋篠宮同妃両殿下ご臨席
			11.22	「PTA国際シンポジウム」開催（愛知県名古屋市）
7月	文部省、高校指導要領を改訂	1994年 （平成６）	3.7	北海道南西沖地震義援金贈呈式を札幌市において実施
11月	文部省、CD-ROM教材用ソフト開発		3.26 ～30	日中友好「少年少女の翼」派遣
			3.30	PTA実践事例集Ⅹ「生きいき体験、豊かな学校外活動」作成
			3.30	学校週休５日制（学校外活動）の実施に関する調査報告書作成

			5.31	サッカーくじについて、内閣総理大臣、日本新党、自由民主党、公明党、新党さきがけ、衆・参両議長、スポーツ議員連盟座長に陳情
			6.11～15	「子ども国際レインボー便」贈呈式　カンボジア訪問
			8.19～20	第42回日本PTA全国研究大会開催（島根県松江市）
			8.30	学習塾に関する調査報告書作成
			10.8	「PTA国際シンポジウム」開催（富山県富山市）
			11.18	平成６年度優良PTA表彰式挙行（東京・ホテルニューオータニ）
			11.21～24	韓国教育改革全国協議会の招聘により、日P役職員韓国訪問
		1995年（平成７）	3.26～30	日中友好「少年少女の翼」派遣
			3.30	PTA実践事例集XI「生きいき、豊かな学校外活動、その後」作成
			5.22	「サッカーくじ」について、内閣総理大臣、文部大臣、衆・参両議長、各党党首、スポーツ議員連盟座長他、議決書提出
			8.2	フランス大使館に「核実験」に対する抗議文提出
			8.21	中国大使館に「核実験」に対する抗議文提出
			8.25	PTAの実態と教育に対する親の意識調査結果報告書作成
			8.25～26	第43回日本PTA全国研究大会開催（札幌市）
			8.28	学校給食に関する調査報告書作成

			8.30	「教育改革に対する意識調査報告書」作成
			9.30	子を持つ親がテレビに期待すること調査結果報告書作成
			9.30	「PTA国際シンポジウム」開催（札幌市）
			10.31	「公益信託阪神・淡路震災遺児就学援助金」運営委員会及び発足式（神戸市）
			11.20	平成７年度優良PTA表彰式挙行（東京・ホテルニューオータニ）
			11.29～12.6	「子ども国際レインボー便」贈呈式　ネパール訪問
4.24	生涯学習審議会「地域における生涯学習機会の充実方策について（答申）」	1996年（平成８）	3.26～30	日中友好「少年少女の翼」派遣
8月	小中学生の不登校８万人を超える		3.29	「子ども国際レインボー便」贈呈式　中国
			3.29	PTA実践事例集XII「ボランティア活動の理解をめざして」作成
			6.9～14	「子ども国際レインボー便」贈呈式　カンボジア
			7.26	文部大臣、厚生大臣に病原性大腸菌O-157による食中毒事件に関する緊急要請
			8.20	「学生生活アンケート調査」作成
			8.23～24	第44回日本PTA全国研究大会開催（名古屋市）
			11.9	「PTA国際シンポジウム」開催（福岡市）
			11.20	平成８年度優良PTA表彰式開催（東京・ホテルニューオータニ）
6.1	中央教育審議会「21世紀を展望した我が国の	1997年（平成９）	3.26～30	日中友好「少年少女の翼」派遣

	教育の在り方について（答申）」		3.30	学校給食アンケート調査結果報告
			3.30	「家庭教育におけるテレビメディアの実態と保護者の意識調査」作成
			3.30	「学生アンケート調査」作成
			3.30	PTA実践事例集13「『生きる力』とボランティア活動」作成
			6.4	「スポーツ投票振興法案」について、全参議院議員に要望書送付
			7.23	第19回全国小・中学校広報紙コンクール表彰式挙行（東京・幕張メッセ）
			10.9	「PTA国際シンポジウム」開催（新潟市）
			10.15〜16	第45回日本PTA全国研究大会開催（大分県）
			10.30	「子供の社会環境についてのアンケート調査結果報告」作成
			11.10	「米飯給食用補助金」について、大蔵大臣、農林水産大臣他に陳情
			11.20	平成９年度優良PTA表彰式開催（東京・ホテルニューオータニ）
6.30	学校教育法改正（公立の中高一貫）	1998年（平成10）	2.23	「青少年健全育成に障害を及ぼす営業の規制に関する要望書」を文部大臣、国家公安委員長に提出
	中央教育審議会「新しい時代を拓く心を育てるために」－次世代を育てる心を失う危機－（答申）」		3.26〜30	日中友好「少年少女の翼」派遣
9.1	中央教育審議会「今後の地方教育行政の在り方について（答申）」		3.30	「家庭教育におけるテレビメディアの実態についての意識調査結果報告書」作成

	生涯学習審議会「社会変化に対応した今後の社会教育行政の在り方について（答申）」		3.30	「学習塾に関するアンケート調査結果報告書」作成
			3.30	PTA実践事例集14『生きる力』とボランティア活動」作成
			8.4	第20回全国小・中学校広報紙コンクール表彰式挙行（東京・ビックサイト）
			8.21	「中学校の部活動と健康管理についての意識調査結果報告書」作成
			8.21～22	第46回日本PTA全国研究大会開催（神戸市）
			9.30	「PTA国際シンポジウム」開催（神戸市）
			10.6	「コンビニエンスストアにおけるサッカーくじの販売排除について」の要望書を文部大臣に提出
			11.18	日本PTA創立50周年記念式典挙行（東京・ホテルニューオータニ）皇太子同妃両殿下ご臨席
6.9	生涯学習審議会「生活体験・自然体験が日本の子どもの心をはぐくむ（答申）」	1999年（平成11）	3.24	「児童買春等禁止法案の早期成立に関する請願」を衆議院議長、参議院議長に提出
12.16	中央教育審議会「初等中等教育と高等教育との接続の改善について（答申）」		3.26～30	日中友好「少年少女の翼」派遣
			3.30	「日本PA創立50年記念誌－新しい時代を拓く－」作成
			3.30	「モニタリングによるテレビ番組の実態調査報告書」作成
			3.30	「親が働く職場見学、職場体験活動報告書」作成
			3.30	PTA実践事例集15「新しいPTA活動の取り組み」作成

			7.26、28	「義務教育諸学校等に係る日本放送協会放送受信料免除措置の堅持についての要請」を郵政大臣、日本放送協会に提出
			8.20～21	第47回日本PTA全国研究大会開催（愛媛県）
			10.9	「PTA国際シンポジウム」開催（広島市）
			11.16	平成11年度優良PTA表彰式開催（東京・ホテルニューオータニ）
			12.13	「児童手当拡充策に伴う年少扶養控除減額反対要請」を自由民主党税制調査会に提出
3月	教育改革国民会議発足	2000年（平成12）	3.14～15	「テレビメディアの青少年の健全育成への配慮に関する要請書」を各テレビ局、番組提供企業に提出
			3.26～30	第15回日中友好「少年少女の翼」派遣
			3.30	「学校と家庭・地域の架け橋PTA－連携をどう進めるか－作成
			3.30	「家庭教育におけるテレビメディアの実態についての意識調査」作成
			3.30	「子どもインターシップ事業実施報告書」作成
			3.30	PTA実践事例集16「新しいPTA活動の取り組み－学校支援のボランティア活動」作成
			6.14	「『国民の教育の日』制定に関する要望」を衆議院議長、参議院議長、各政党党首に提出
			8.4	有珠山義援金贈呈（北海道だて歴史の杜カルチャーセンター）
			8.25～26	第48回日本PTA全国研究大会開催（山梨県）

			11.17	平成12年度優良PTA表彰式開催（東京・ホテルニューオータニ）
3月	教育改革３法成立	2001年（平成13）	3.1	「たのしい子育て全国キャンペーン作品集」作成
			3.26～30	第16回日中友好「少年少女の翼」派遣
			3.30	「家庭におけるテレビメディア・社会環境についての意識調査」作成
			3.30	「相互理解のもと『学校とPTAのより良いありかた』」作成
			3.30	「子どもインターンシップ事業報告書」作成
			3.30	「少子化対策シンポジウム報告書」作成」
			3.30	PTA実践事例集17「地域ぐるみ子ども育成活動へのPTA活動の取り組み－さまざまな団体との連携を通して－」作成
			6.19	大阪教育大学附属池田小学校の事件に関し、「報道のあり方のお願い」を民間放送連盟に提出
			8.31～9.1	第49回日本PTA全国研究大会開催（秋田県）
			9.14	伊豆諸島義援金を贈呈
			9.20	「『不適格教師に対する緊急対応』についてのお願い」を文部科学大臣に提出
			11.16	平成13年度優良PTA・功労者・たのしい子育て全国キャンペーン表彰式挙行（東京・ホテルニューオータニ）
7.29	中央教育審議会「青少年の奉仕活動・体験活動の推進方策等について（答申）」	2002年（平成14）	1.30	「たのしい子育て全国キャンペーン作品集」作成
9.30	中央教育審議会「子どもの体力向上のための		2.21	安全互助に関する調査報告書」作成

	総合的な方策について（答申）」		3.14～15	「テレビメディアの青少年の健全育成への配慮に関する要請」を各テレビ局、番組提供企業に提出
			3.24～28	第17回日中友好「少年少女の翼」派遣
			3.30	「家庭におけるテレビメディア、青少年とインターネット等に関する意識調査」作成
			3.30	「たのしい子育て全国キャンペーンシンポジウム」開催記録『魅力ある家庭づくり』」作成
			3.30	PTA実践事例集18「地域ぐるみ子ども育成活動へのPTAの取り組み-創意-を生かした学校支援の活動」作成
			8.23～24	第50回日本PTA全国研究大会開催（埼玉県）
			9.11	「義務教育国庫負担制度の堅持に関する要望書」を内閣総理大臣、総務・財務・文部科学各大臣、経済財政政策担当大臣、経済財政諮問会議議長、地方分権改革推進会議議長に提出
			9.13	「学校教育改革についての保護者の意識調査報告書」作成
			11.22	平成14年度優良PTA・功労者・たのしい子育て全国キャンペーン表彰式挙行（東京・ホテルニューオータニ）
3.20	新しい時代にふさわしい教育基本法と教育振興基本計画の在り方について（答申）」	2003年（平成15）	1.17	「青少年の健全育成に障害を及ぼすインターネット・携帯電話等に関する要望書」を内閣総理大臣、文部科学大臣、総務大臣、各政党党首、警察庁長官に提出
7月	国立大法人法成立			
10.7	中央教育審議会「初等中等教育における当面		1.30	「たのしい子育て全国キャンペーン作品集」作成

	の教育課程及び指導の充実・改善方策について（答申）」		3.26～30	第18回日中友好「少年少女の翼」派遣
			3.31	「家庭教育におけるテレビメディア、青少年とインターネット等に関する意識調査」作成
			3.31	「たのしい子育て全国キャンペーンシンポジウム」開催記録」作成
			3.31	PTA実践事例集19「学校を積極的に支援するPTA活動-学校運営への協力-」作成
			4.4	「『出会い系サイト』規制法案早期成立に向けての要望書」を自由民主党総裁、社会民主党投党首、日本共産党中央委員会議長、公明党代表、民主党代表、衆・参両院議長に提出
			6.6	「義務教育費国庫負担制度の堅持に関する要望書」を内閣総理大臣、総務・財務・文部科学・経済財政担当大臣、経済諮問、地方分権改革推進会議議長に提出
			6.23	日本PTA全国協議会事務局、東新橋から赤坂の自社ビルへ移転
			7.15	「沖縄県・長崎県において発生した中学生の事件に対して」緊急アピール
			7.26	「京都府宇治市立宇治小学校における侵入、傷害事件に対して」緊急アピール
			8.29～30	第51回日本PTA全国研究大会開催（鳥取県）
			10.30	「学校教育改革についての保護者の意識調査報告書」作成

			11.19	日本PTA創立55周年記念式典（優良PTA・功労者・たのしい子育て全国キャンペーン表彰）挙行（東京・ホテルニューオータニ）秋篠宮同妃両殿下ご臨席
			11.29	「国際シンポジウム」開催（沖縄県）
1.20	中央教育審議会「食に関する指導体制の整備について（答申）」	2004年（平成16）	1.30	たのしい子育て全国キャンペーン作品集」作成
			3.26～30	第19回日中友好「少年少女の翼」派遣
			3.30	「テレビメディア・社会環境についての意識調査」作成
			3.30	「児童虐待防止のための地域におけるPTA活動の実態とシンポジウム報告書」作成
			3.30	PTA実践事例集20「学校運営に積極的に参画するPTA」作成
			6.16	「テレビメディアの青少年の健全育成への配慮に関する要請書」を各テレビ局、番組提供企業に提出
			6.29	「携帯電話での犯罪に対して」緊急アピール
			8.27～28	第52回日本PTA全国研究大会開催（北海道）
			10.27	「義務教育費国庫負担制度の堅持に関する要望書」を内閣総理大臣、財務大臣、文部科学大臣、自由民主党、公明党他に提出
			11.19	平成16年度優良PTA・功労者・たのしい子育て全国キャンペーン表彰式挙行（東京・ホテルニューオータニ）

1.28	中央教育審議会「子どもを取り巻く環境の変化を踏まえた今後の幼児教育の在り方について（答申）	2005年（平成17）	1.25	「PTAの児童虐待防止活動の実践事例集」作成
			1.25	「たのしい子育て全国キャンペーン作品集」作成
10.26	中央教育審議会「新しい義務教育を創造する（答申）		3.27～31	第20回日中友好「少年少女の翼」派遣
12.8	中央教育審議会「特別支援教育を推進するための制度の在り方について（答申）」		3.30	「PTAの児童虐待防止活動の実践事例　評価アンケート調査報告書」作成
			3.30	「家庭教育におけるテレビメディア　青少年とインターネット等に関する調査結果報告書」作成
			3.30	PTA実践事例集21「家庭のしつけ・教育を見直し、充実させるPTA活動」作成
			6.25	「テレビメディアの青少年の健全育成への配慮に関する要請書」を各テレビ局、番組提供企業に提出
			6.28	「有害図書から子どもを守ろう」緊急アピール
			8.26～27	第53回日本PTA全国研究大会開催（愛知県）
			11.22	平成17年度優良PTA・功労者・たのしい子育て全国キャンペーン表彰式挙行（東京・ホテルニューオータニ）
			12.6	「広島県及び栃木県における女児殺傷事件について」緊急アピール
7.11	中央教育審議会「今後の教員養成・免許制度の在り方について（答申）」	2006年（平成18）	1.31	「たのしい子育て全国キャンペーン作品集」作成
			3.25～29	日中友好「少年少女の翼」派遣
12.15	改正教育基本法成立		3.31	「児童虐待防止のためのリーフレット及びシンポジウム事業報告書」作成

			3.31	「学校と家庭の教育に関する意識調査報告書」作成
			3.31	「子どもとメディアに関する意識調査報告書」作成
			3.31	「モニタリングによるテレビ番組の実態調査報告書」作成
			3.31	PTA実践事例集22「家庭のしつけ・教育を見直し、充実させるPTA活動-基本的な生活習慣をみにつけさせるために-」作成
			5.30	「テレビメディアの青少年の健全育成への配慮に関する要請書」を各テレビ局に提出
			6.7	「テレビメディアの青少年の健全育成への配慮に関する要請書」を番組提供企業に提出
			8.26	第54回日本PTA全国研究大会開催（宮崎県）
			10.23	「いじめの根絶と命の尊さを訴える」緊急アピール
			11.17	平成18年度優良PTA・功労者・たのしい子育て全国キャンペーン表彰式挙行（東京・ホテルニューオータニ）
			11.21	「報道のあり方についてお願い」を日本民間放送連盟に提出
1.30	中央教育審議会「時代を担う自立した青少年の育成に向けて（答申）」	2007年（平成19）	2.5	「学校給食費未納問題」についてお願いを提出
			2.28	「たのしい子育て全国キャンペーン作品集」作成
3.10	中央教育審議会「教育基本法の改正を受けて緊急に必要とされる教育制度の改正について（答申）」		3.25～29	第22回日中友好「少年少女の翼」派遣
			3.30	「教育に関する保護者の意識調査報告書」作成
			3.30	「子どもとメディアに関する意識調査報告書」作成

3.29	中央教育審議会「今後の教員給与の在り方について（答申）」		3.30	PTA実践事例集23「広域的なPTA活動の充実作成
4月	小6・中3に全国学力テスト		6.26	「児童・生徒の健全育成に障害を及ぼす携帯電話使用による弊害に関する要望書」を関係企業に提出
6月	教員免許更新制など教育関連三法成立		8.24～25	第55回日本PTA全国研究大会開催（滋賀県）
			10.15	「PTAが行う共済事業を保険業法の適用から除外する要望書」を内閣府特命担当大臣に提出
			11.7	「PTAの『安全互助共催』に対する保険業法の適用についての要望書」を自由民主党政調会長に提出
			11.21	平成19年度優良PTA・功労者・たのしい子育て全国キャンペーン表彰式挙行（東京・ホテルニューオータニ）
			11.26	「子どもと向き合う時間の拡充についての要望書」を内閣総理大臣、内閣官房長官、文部科学大臣、自由民主党幹事長に提出
1.17	中央教育審議会「子どもの心身の健康を守り、安全・安心を確保するために学校全体としての取組を進めるための方策について（答申）」	2008年（平成20）	1.23	「PTAの『安全互助共済』に対する保険業法の適用についての要望書」を内閣官房長に提出
			2.28	「たのしい子育て全国キャンペーン作品集」作成
	中央教育審議会「幼稚園、小学校、中学校、高等学校及び特別支援学校の学習指導要領等の改善について（答申）」		3.27～31	第23回日中友好「少年少女の翼」派遣

2.19	新しい時代を切り拓く生涯学習の振興方策について-知の循環型社会の構築を目指して（答申）」		3.31	「教育に関する保護者の意識調査報告書」作成
			3.31	「子どもとメディアに関する意識調査報告書」作成
4.18	中央教育審議会「教育振興基本計画について-「教育立国」の実現に向けて（答申）」		3.31	PTA実践事例集24「広域的なPTA活動の充実－社会の変化に対応する健やかな子どもの育成-」作成
			8.23～24	第56回日本PTA全国研究大会開催（香川県）
			11.20	日本PTA創立60周年記念式典挙行（東京・ホテルニューオータニ）皇太子同妃両殿下ご臨席
		2009年（平成21）	2月	たのしい子育て全国キャンペーン作品集」作成
			3.6	「有害なインターネット環境から子どもたちを守ろう」緊急アピール
			3.11	「PTA共済の制度共済化の早期実施についての要望書」を文部科学大臣に提出
			3.23	「PTA共済の共済制度化の早期実現についての要望書」を民主党幹事長に提出
			3.27～31	第24回日中友好「少年少女の翼」派遣
			3.31	PTA実践事例集25「子どもの基本的な生活習慣の確立をめざして」作成
			3.31	「子どもとメディアに関する意識調査報告書」作成
			3.31	「教育に関する保護者の意識調査報告書」作成
			5.27	「子どもによる携帯電話の使用・利用について」緊急アピール

			6.10	「テレビメディアの青少年の健全育成への配慮に関する要請書」を各テレビ局に提出
			8.21～22	第57回日本PTA全国研究大会開催（宮城県）
			11.18	平成21年度優良PTA・功労者表彰式挙行（東京・ホテルニューオータニ）
3月	高校授業無償化法成立	2010年（平成22）	3月	「子どもとメディアに関する意識調査報告書」作成
			3月	「教育に関する保護者の意識調査報告書」作成
			3.27～31	第25回日中友好「少年少女の翼」派遣
			3月	「少人数学級法案についての陳情書」を公明党文部科学部会長に提出
			4.2	「PTA共済の制度共済化の早期実施についての陳情書」を内閣官房長官に提出
			6.3	「テレビメディアの青少年の健全育成への配慮に関する要請書」を各テレビ局に提出
			6.22	「コンビニエンスストア等における成人雑誌の販売に関する要望書」を（社）日本フランチャイズチェーン協会会長に提出
			8.27～28	第58回日本PTA全国研究大会開催（千葉県）
			11.26	平成22年度優良PTA・功労者表彰式挙行（東京・ホテルニューオータニ）
			11.27	たのしい子育て全国キャンペーン表彰式挙行（東京・日本未来科学館）
		2011年（平成23）	3月	「子どもとメディアに関する意識調査報告書」作成
			3月	「教育に関する保護者の意識調査報告書」作成

			3月	PTA実践事例集「子どもの生活習慣の確立や自立心の　をめざして」作成
			5.6	「屋外活動放射線量基準の見直し等についてお願い」を文部科学大臣に提出
			6.7	「テレビメディアの青少年の健全育成への配慮に関する要望書」を各テレビ局に提出
			8.26〜27	第59回日本PTA全国研究大会開催（広島県）
			11.22	平成23年度優良PTA・功労者、第33回全国小・中学校PTA広報紙コンクール表彰式挙行（東京・ホテルニューオータニ）
			12.26	たのしい子育て全国キャンペーン表彰式挙行（文部科学省）
3.21	中央教育審議会「学校安全の推進に関する計画の策定について（答申）」	2012年（平成24）	3.27〜31	第27回日中友好「少年少女の翼」派遣
			3月	教育に関する保護者の意識調査報告書」作成
3.21	中央教育審議会「スポーツ基本計画の策定について（答申）」		3月	「子どもとメディアに関する意識調査報告書」作成
8.28	中央教育審議会「教職生活の全体を通じた教員の資質能力の総合的な向上方策について（答申）」		3月	「たのしい子育て全国キャンペーン作品集」作成
			5.29	「児童・生徒の通学路の安全確保についてのお願い」を文部科学大臣に提出
			6.7	「テレビメディアの青少年の健全育成への配慮に関する要望書」を各テレビ局に提出
			7.25	「いじめ問題への適切な取り組みについてのお願い」を文部科学大臣に提出
			8.24〜25	第60回日本PTA全国研究大会開催（京都府）

			11.22	平成24年度PTA年次表彰式挙行（東京・ホテルニューオータニ）
1.21	中央教育審議会「今後の青少年の体験活動の推進について（答申）」	2013年（平成25）	3.31	「子どもとメディアに関する意識調査報告書」作成
12.13	中央教育審議会「今後の地方教育行政の在り方について（答申）」		3.31	「教育に関する保護者の意識調査の分析」リーフレット作成
			3月	「たのしい子育て全国キャンペーン作品集」作成
			3.31	PTA実践事例集「自分と仲間、家庭とふるさとを大切にするための『かかわり』と『つながり』の創造」作成
			6.10	「テレビメディアの青少年の健全育成への配慮に関する要望書」を日本民間放送連盟に提出
			6.28	東日本大震災の被災３県（岩手県・宮城県・福島県）教育長との懇談
			8.23～24	第61回日本PTA全国研究大会開催（三重県）
			9月	第35回全国小・中学校PTA広報紙コンクール「優秀広報紙集」作成
			11.19	創立65周年記念式典挙行（東京・ホテルニューオータニ）秋篠宮同妃両殿下ご臨席
10.21	中央教育審議会「道徳に係る教育課程の改善等について（答申）」	2014年（平成26）	2.19	「大雪災害に対する緊急要望について」要望書を文部科学大臣に提出
			3月	教育支援助成事業における就学助成金の支給
12.22	中央教育審議会「子供の発達や学習者の意欲・能力等に応じた柔軟かつ効果的な教育システテ		3月	「教育に関する保護者の意識調査」作成
			3月	たのしい子育て全国キャンペーン表彰式挙行（文部科学省）

	ムの構築について（答申）」		3.26～29	国内研修事業（つくば市）
			6.10	「テレビメディアの青少年の健全育成への配慮に関する要望書」を各テレビ局に提出
			7.30	「PTA活動にかかわる要望書」を文部科学大臣に提出
			8.22～23	第62回日本PTA全国研究大会開催（長崎県）
			7月～11月	「心のきずな61教育支援基金」支援事業の実施
			11.19	平成26年度年次表彰（東京・ホテルニューオータニ）

(3) 公益社団・財団法人と一般社団・財団法人等の違い

	公益社団法人 公益財団法人	一般社団法人 一般財団法人	ＮＰＯ法人
事業目的	公益目的事業を主たる目的	特に制限なし	特定非営利活動を行うことを主たる目的
行政庁の監督	内閣総理大臣又は都道府県知事の監督を受ける 毎年、事業報告、予算書、決算書の提出義務	特に制限なし	内閣総理大臣又は都道府県知事の監督を受ける 毎年、事業報告、決算書の提出義務
役員の構成	同一親族や同一団体の役員を３分の１以下とする	特に制限なし	同一親族の役員を３分の１以下とする
役員報酬	不当に高額にならないように支給基準を公表	特に制限なし	報酬を受ける役員の数を３分の１以下
株式の取得、子会社の保有	原則不可	自由	自由
情報の公開	誰にも閲覧	公告など必要最低限	所轄庁は提出書類を誰にでも閲覧
公益認定の取消	取消されたら１か月以内に財産を贈与して一般法人に移行	なし	なし
残余財産の処分	清算の場合の残余財産は類似の事業を行う公益法人や国等に帰属	清算の場合の残余財産の処分については、社員総会や評議会で決められる	清算の場合の残余財産の処分については、定款の定めるところによる
社員の資格	社団法人の場合には社員資格を不当に制限することができないし、議決権も不当に制限できない	社員の資格や議決権は自由	社員資格の得失について、不当な条件を付さない
理事会の設置	社団法人の場合には、理事会を必ず設置	社団法人は理事会を置かなくてもよい	理事会を置かなくともよい
特別の利益	役員等に特別の利益を与えない 特定の個人、団体等にも特別の利益を与えない	特別の利益に対する制限なし	特別の利益に対する制限なし
収入等の制限	公益目的事業の収入は費用を超えてはならない	特に制限なし	特に制限なし

実施費用の制限	公益目的事業の費用が全ての費用の50%以上であること	特に制限なし	管理費の総支出額に占める割合が2分の1以下であること
遊休財産の保有制限	公益目的事業の事業費の1年分以下	特に制限なし	特に制限なし
法人税制	収益事業のみに課税	非営利型法人は収益事業課税、それ以外は全所得課税	収益事業のみに課税
寄附金制度	特定公益増進法人として優遇	なし	なし
利子等に係る源泉所得税	非課税	課税	課税

(4) 初等中等教育機関等の学校数（校）

区　分	国　立	公　立	私　立	計
幼　稚　園	48	4,096	6,994	11,138
幼保連携型認定こども園	—	452	2,308	2,760
小　学　校	71	19,642	230	19,943
中　学　校	72	9,389	767	10,228
高等学校	15	3,530	1,300	4,845
中等教育学校	4	31	17	52
特別支援学校	44	1,049	13	1,106

＊文部科学省「平成28年度学校基本調査」より

(5) 初等中等教育機関等の在学者数（人）

区　分	国　立	公　立	私　立	計
幼　稚　園	5,253	221,220	1,102,318	1,328,791
幼保連携型認定こども園	—	52,012	336,228	388,240
小　学　校	38,888	6,270,132	77,187	6,386,207
中　学　校	30,365	3,085,428	240,084	3,355,877
高等学校	8,630	2,221,857	1,030,199	3,260,686
中等教育学校	3,107	21,941	7,380	32,428
特別支援学校	2,930	134,251	758	137,939

＊文部科学省「平成28年度学校基本調査」より

PTAの歌

春日紅路　作詞
西條八十　補詞
古関裕而　作曲

1　春風そよそよ　吹く窓に
小鳥もくるくる
　とんでくる
明るい窓よ　ほほえむ顔よ
さくらの花咲く　春の唄
みんなでいっしょに
　うたおうよ

2　みどりに輝く　学校が
明るい家庭を　よんでいる
希望の町よ　希望の村よ
文化の光に手をのべて
子どもといっしょに
　進もうよ

3　あふれる力に　健康に
子どもがよんでる
　おどってる
みのりの秋よ
　もみじの丘よ
こころも楽しい
　ハイキング
子どもといっしょに
　おどろうよ

4　世界を結んだ　大空に
ひびいて子どもの
　胸が鳴る
あしたの鐘よ　夕べの鐘よ
平和ですみよい　日本を
みんなでいっしょに
　つくろうよ

高　尾　展　明（たかお　ひろあき）　昭和28年3月27日生

【略歴】

1978年（昭和53年）文部省社会教育局（社会教育課・青少年教育課）

1984年（昭和59年）文部省教育助成局（初等中等教育局）地方課

1990年（平成２年）文部省生涯学習局生涯学習振興課総務係長

1993年（平成５年）東京国立博物館会計課長

1995年（平成７年）文部省教育助成局地方課課長補佐

1997年（平成９年）文部省生涯学習局生涯学習振興課課長補佐

2001年（平成13年）名古屋工業大学経理部長

2002年（平成14年）文部科学省生涯学習政策局社会教育官（地域政策調整官）

2004年（平成16年）文化庁美術学芸課　美術館・歴史博物館室長

2006年（平成18年）宮城教育大学　理事・副学長・事務局長

2008年（平成20年）金沢大学　理事・副学長・事務局長

2010年（平成22年）日本私立学校振興・共済事業団　広報相談センター長

2013年（平成25年）文部科学省定年退職

2013年（平成25年）一般財団法人学生サポートセンター　理事・事務局長

2014年（平成26年）公益社団法人日本PTA全国協議会　事務局長

2016年（平成28年）　同　専務理事・事務局長

※印税は日本PTAの事業活動に使われます

Let's
PTA研修「基本」マニュアル
—できることを、できるところから—

平成28年11月７日　第１版第１刷発行

編集・著　高尾　展明
発 行 者　加藤　勝博
発 行 所　株式会社 ジアース教育新社
〒101-0054　東京都千代田区神田錦町１-23 宗保第２ビル
TEL 03-5282-7183　FAX 03-5282-7892
(http://www.kyoikushinsha.co.jp/)

表紙デザイン　株式会社 彩流工房
印刷・製本　株式会社 創新社

Printed in Japan
ISBN978-4-86371-390-1
○定価はカバーに表示してあります。